ESSAI

SUR LA

PEINE DE MORT.

ESSAI

SUR LA

PEINE DE MORT,

OU

DE LA PEINE DE MORT
CONSIDÉRÉE DANS SES RAPPORTS AVEC LE DROIT
ET AVEC L'INTÉRÊT DE LA SOCIÉTÉ;

Par Mr A. Jouve,
Avocat.

> Cette peine est tirée de la nature des
> choses, puisée dans la raison et dans
> les sources du bien et du mal.
> MONTESQUIEU, *Es. des lois, l. xii, c. iv.*

———— ◦◦◦◦◦ ————

LYON.

IMPRIMERIE DE GABRIEL ROSSARY,
RUE SAINT-DOMINIQUE, N° I.

1830.

ESSAI

SUR LA

PEINE DE MORT.

Une question qui intéresse également la politique et la philosophie, se débat aujourd'hui devant le tribunal de l'opinion publique.

Jusqu'ici les législateurs de tous les temps et de tous les pays avaient jugé à propos de sanctionner quelques-unes de leurs lois par la peine capitale ; soit qu'en cela ils n'eussent d'autre règle que l'intérêt de la société, soit qu'ils ne consultâssent que ce sentiment inné de l'équité qui est un guide souvent plus sûr que les théories les plus savamment raisonnées, nul n'avait recherché si la société avait ou non le droit de vie et de mort ; nul n'avait songé à réclamer contre une peine que l'on regardait comme aussi naturelle que nécessaire.

Dans le cours du dernier siècle, dont l'esprit raisonneur et analytique se piqua de ne point s'arrêter à la superficie des choses et de creuser jusqu'aux fondemens du droit social, deux publicistes italiens, Beccaria et Filangieri, outrant les principes que Rousseau et Montesquieu avaient les premiers mis en avant, sans en tirer les mêmes conséquences, s'avisèrent les premiers de contester ce droit à la société. Dans un temps où tout ce qui avait quelques semblans de liberté et de philantropie était accueilli avec enthousiasme, leur opinion fit de nombreux sectateurs. Lorsque la réforme prêchée par les philosophes du 18e siècle fut tentée, l'assemblée constituante reconnut que la société n'avait pas le droit de vie et de mort; mais, par une contradiction remarquable, elle n'en laissa pas moins subsister la peine capitale dans la législation. De nos jours cette question, de nouveau réveillée, préoccupe plus que jamais les esprits : elle a divisé les publicistes en deux classes, les adversaires et les défenseurs de la peine de mort.

Ce n'est pas sans quelque appréhension, je l'avoue, que je me suis déterminé à traiter la question dans un sens opposé à celui dans lequel l'ont traité la plupart des publicistes

modernes. Il semble en effet que , de notre
temps , il se soit formé contre la peine de mort
une sorte de coalition de tous les écrivains
d'une certaine opinion. Pamphlets , journaux ,
ouvrages périodiques , ouvrages sérieux , ro-
mans même , tout conspire pour la mettre en
horreur et l'effacer de nos Codes. Tant d'efforts
réunis paraissent même avoir réussi à ébranler
sur ce point la conviction du public. Cette
opinion , après avoir long-temps fait retentir
la presse de ses réclamations et de ses sophis-
mes , a enfin fait un pas hardi , elle a franchi
le seuil de la Chambre des députés ; et l'ac-
cueil qu'elle y a trouvé fait présager son triom-
phe comme assuré.

Il y a sans doute une sorte de témérité à
m'élever seul contre une opinion soutenue
par la presque unanimité des écrivains de nos
jours, et déjà sanctionnée par le vœu d'une de
nos assemblées législatives. Je me suis rassuré
cependant, en regardant derrière moi cette foule
de législateurs et de peuples qui tous ont prescrit
et mis en usage la peine de mort, et j'ai pensé
qu'il y avait peut-être moins de témérité à
combattre les autorités qui réclament son abolition, quelque respectables qu'elles puissent
être, qu'il n'y en avait à taxer d'ignorance et

de barbarie tous les âges et toutes les nations.

Parmi ceux qui ont jusqu'ici défendu la même cause que moi, la plupart se sont presque uniquement appuyés sur le droit divin, ou sur la nécessité de la peine de mort pour le maintien de l'ordre social ; et ils semblent avoir tacitement reconnu par là que l'on ne trouvait rien dans la loi naturelle qui pût lui servir de fondement.

Pour moi, considérant que la peine de mort avait été en usage chez tous les peuples sans exception, malgré la différence des temps, des lieux, des gouvernemens et des religions, je me suis demandé s'il pouvait en être ainsi sans qu'elle prît sa source dans une loi commune à tous. J'ai donc recherché si la loi naturelle ne renfermait pas quelque principe d'où pût résulter le droit de vie et de mort : j'ai cru trouver que ce droit dérivait en effet des principes les plus incontestables de cette loi première et universelle. Ainsi, sans rejeter précisément l'autorité du droit divin, et, tout en reconnaissant la nécessité de la peine de mort, je m'attacherai surtout à démontrer qu'elle est fondée sur la loi naturelle : j'insisterai d'autant plus sur les argumens, que je prétends en tirer que les adversaires que je combats, repoussent toute autorité religieuse en cette matière, et qu'ils contestent la nécessité de la peine de mort.

Mais dans toute espèce de peines, deux choses sont à considérer : le droit de l'infliger, et l'utilité de son application. Sans l'utilité de la peine, le droit de l'infliger deviendrait superflu ; et l'utilité, la nécessité même d'une peine ne pourraient suppléer à l'absence du droit.

Cette double manière d'envisager la question divise naturellement cet écrit en deux parties. Dans la première je tâcherai d'établir que le droit de vie et de mort réside dans la société : dans la seconde j'essayerai de démontrer son utilité et son efficacité. Si, en suivant cette marche, je ne parviens pas à dissuader ceux qui ont embrassé une opinion contraire, je me flatte du moins d'avoir présenté quelques aperçus nouveaux, et d'avoir jeté quelques lumières nouvelles sur un sujet qui intéresse au plus haut degré l'ordre social.

PREMIÈRE PARTIE.

DU DROIT DE VIE ET DE MORT.

Le droit en vertu duquel le législateur règle les intérêts de la société, dispense les châtimens et les récompenses, peut être considéré, quant à son origine, comme provenant de deux sources différentes. En effet, il peut être ou une émanation d'un pouvoir supérieur à tout pouvoir humain, à lui confiée pour le maintien de l'ordre social, ou une simple délégation de droits faite par chacun des membres de la société au moment de sa formation. Dans le premier cas le législateur agit en vertu du droit divin; dans le second, comme chacun des contractans n'avait d'autres droits que ceux qu'il tenait de la nature, le législateur agit en vertu du droit naturel.

Quelques-uns, voulant expliquer le droit de punir, sans recourir ni au droit divin ni au droit naturel, ont représenté le législateur comme un être fictif, qu'ils ont doué de je ne sais quelle supériorité morale, en vertu de laquelle il aurait le droit d'infliger des punitions aux membres de la société, et même de leur ôter la vie ; mais cet être est une création tout-à-fait imaginaire et sans fondement dans la nature des choses ; et d'ailleurs cette supériorité morale, de quelque nature qu'on la suppose, le législateur ne peut la tenir que de Dieu ou des hommes : dans le premier cas on revient au droit divin, dans le second on retombe dans le droit naturel.

D'autres ont considéré le législateur comme une sorte de providence humaine, remplissant à l'égard de l'ordre social les mêmes fonctions que remplit la véritable providence dans l'ordre général. Mais cette hypothèse n'est pas plus satisfaisante que la première. Que le rôle du législateur soit semblable à celui de la providence, je le veux bien : la comparaison est juste et noble. Mais s'en suit-il pour cela qu'il ait le droit de punir et de récompenser ? Ne pourrai-je pas toujours vous demander, en vertu de quel droit, vous faible et misérable créature comme moi, vous vous arrogez le droit de représenter Dieu sur la terre et d'exercer un pouvoir qui n'appartient qu'à lui ?

La question demeure donc la même dans les

deux cas. C'est-à-dire , qu'il restera toujours à rechercher si le législateur agit en vertu du droit naturel ou du droit divin. Je n'examinerai point laquelle de ces deux sources du pouvoir social est la véritable : sans aborder une question aussi délicate, et qui m'emporterait au-delà des bornes que je me suis prescrites , il me suffira de prouver que , quel que soit celui de ces deux principes que choisissent les adversaires de la peine de mort, pour en faire la base de l'édifice social, il faut qu'ils reconnaissent que le droit de vie et de mort en découle nécessairement.

Et d'abord le droit divin l'établit d'une manière incontestable. Quiconque , dit la Genèse, [1] aura répandu le sang de l'homme sera puni par l'effusion de son propre sang. Les textes multipliés de la loi de Moïse qui prescrivent et qui règlent l'application de la peine de mort et que rien ne contredit dans la loi nouvelle , confirment l'autorité de la Genèse et bannissent toute espèce de doute à cet égard.

Il est donc évident que ceux du moins qui font profession d'appartenir aux cultes chrétiens, ne peuvent contester le droit de vie et de mort sans renier les fondemens même de

[1] *Genèse* , ch. IX.

leur religion, puisque tous ces cultes n'ont d'autre base que les Livres sacrés.

En vain dirait-on qu'on ne doit pas confondre le spirituel et le temporel, la religion et la politique : cette distinction qui doit être admise en tout ce qui concerne l'ordre, la discipline, la forme du culte et la hiérarchie des pouvoirs, doit-elle l'être également lorsqu'il s'agit de morale et d'équité ? Conçoit-on, par exemple, qu'un pair ou un député qui, en qualité de chrétien, croira au droit d'infliger la peine de mort, ne doive plus y croire lorsqu'il parlera du haut de la tribune en qualité de législateur ? Conçoit-on par quelle transaction avec sa conscience on pourrait trouver injuste comme homme public ce qu'on trouvait juste comme homme privé ?

Dans tous les cas ceci prouverait-il combien est dénuée de fondement l'objection de ceux qui prétendent que la peine de mort est contraire à la religion chrétienne. En vain, les adversaires de la peine de mort se prévalent du précepte du Décalogue qui dit : *Tu ne tueras point.* Qui ne voit qu'il s'agit ici d'une règle générale qui admet des exceptions, exceptions que l'ancienne loi elle-même avait multipliées avec une rigueur effrayante pour notre délicatesse? Si ce précepte doit s'entendre d'une manière absolue et rigoureuse, dites donc aussi que nous n'avons pas le droit de tuer celui qui nous attaque les armes à la main, et ordonnez-nous de tendre la gorge au couteau de l'assassin, au lieu de repousser la force par la force.

Mais au surplus, (et ici je cours risque de me trouver en contradiction avec plusieurs de ceux qui défendent au fond la même cause que moi) si je m'appuie sur le droit divin, c'est moins pour prouver qu'il a donné à la société le droit de vie et de mort, que pour prouver, par son autorité, que ce droit lui est conféré par la loi naturelle. En effet, je ne sais si la loi révélée, toute seule, peut, par un prétexte isolé, anéantir un précepte essentiel de la loi de nature, dans le cas où l'exception ne serait point justifiée par cette loi même. Qu'est-ce en effet que la loi naturelle, et qu'est-ce que la loi révélée? La loi naturelle est cette règle primitive, universelle, gravée en nous dès l'origine des choses, qui fixe d'une manière invariable les limites du bien et du mal et qu'on pourrait appeler la loi organisatrice de notre nature. La révélation est une autre loi émanée de la même source, pour établir une seconde règle devenue nécessaire pour redresser l'homme égaré dans les voies corrompues ; toutes deux ont un auteur, un but commun ; toutes deux sont divines. De ces deux lois l'une n'est pas appelée à détruire l'autre, mais à la corriger et à la perfectionner ; si la seconde se trouvait sur quelque point en opposition directe avec la première, il faudrait dire que l'auteur de la nature serait tombé en contradiction avec lui-même, supposition absurde et impie. La loi révélée peut bien défendre ce qui était permis par la loi de nature, parce qu'étant destinée à amener l'homme à une plus haute perfection, elle ne peut le faire qu'en renchérissant sur la sévérité de ses préceptes ; mais elle ne peut permettre ce qui serait essentiellement mauvais d'après la loi de nature, et c'est en ce sens que doit s'entendre ce principe avoué de tous les philosophes, que la loi naturelle n'admet ni exception ni dispense.

Et j'espère qu'ici certaine politique mystique et dévote ne m'accusera pas d'impiété, pour ne pas reconnaître dans Dieu la source immédiate du droit de vie et de mort, ainsi que de tous les autres droits de la souveraineté. Il est certain que Dieu est la cause première et universelle de toutes choses ; mais entre lui et les effets qui se passent sous nos yeux, il a établi une foule de causes intermédiaires, qui sont les lois générales de l'univers, auxquelles lui-même a subordonné son action. La nature est une chaîne immense, dont le premier anneau est entre les mains du créateur, et dont les ramifications, multipliées à l'infini, embrassent l'universalité des êtres. Sans doute la main qui soutient tout l'assemblage, soutient aussi chacun des anneaux qui composent la chaîne : rien n'empêche cependant de considérer chaque anneau, comme soutenu par celui qui le précède immédiatement, en vertu de la liaison qui existe entre eux. De même, dans l'ordre moral il est des lois générales d'où découlent d'autres lois particulières, que l'on peut considérer, abstraction faite de la cause première, sans pourtant la méconnaître. La question n'est donc pas de savoir si Dieu est la source du droit de vie et de mort : il l'est, comme de toute morale et de toute justice; mais de savoir si ce droit découle des lois générales par lui établies, ou bien d'un acte spécial de sa volonté manifestée par la révélation. Or, il n'y a rien dans la question ainsi posée qui attente au respect dû à la divinité; et il ne serait pas moins injuste d'accuser d'impiété ceux qui soutiennent cette thèse, que d'adresser un semblable reproche à Newton, pour avoir attribué le mouvement des planètes autour du soleil à l'action combinée des forces centrifuges et centripètes, plutôt qu'à l'action immédiate du créateur.

Si donc j'appelle à mon secours le droit divin, c'est plutôt comme autorité que comme preuve, et plutôt comme reconnaissant que comme établissant le droit de vie et de mort.

Au reste, comme les adversaires que je combats refusent, pour la plupart, d'admettre l'autorité de la religion en cette matière, et qu'ils se renferment exclusivement dans la loi naturelle, il ne peut y avoir aucun inconvénient à leur prouver que leur opinion est insoutenable dans l'hypothèse même qui leur est la plus favorable. Poursuivons-les donc dans ce dernier retranchement, et voyons s'ils y seront aussi inexpugnables qu'ils le prétendent.

Ici je m'arrête étonné d'avoir à défendre un droit consacré par l'assentiment de tous les peuples et de tous les législateurs, et je me demande si cette unanimité n'est pas une puissante présomption, pour ne pas dire preuve décisive, que la loi naturelle n'est point contraire à la peine de mort. Se peut-il qu'une erreur aussi grave que celle-là se soit établie

ainsi sans réclamation , et non pas seulement
chez un peuple , mais chez les nations les plus
éloignées , les plus différentes de climats , de
mœurs et de caractère ? Comment , en voyant
traîner son semblable à une mort injuste et
ignominieuse , aucun des nombreux spectateurs de la peine de mort n'a-t-il jamais entendu cette voix de la nature qui ne meurt jamais, s'élever dans son cœur et lui crier , que
notre vie n'est au pouvoir de personne que de
celui qui nous l'a donnée, et que ces supplices
étalés avec tant d'appareil n'étaient qu'un abus
barbare de la force publique ? Les hommes
d'alors étaient-ils donc dépourvus d'entrailles,
ou n'avaient-ils pas même ces premières notions de l'équité que nous ne refusons pas au
dernier des sauvages ? Non sans doute ; mais
c'est qu'audessus de la voix de la pitié s'éle-
vait la voix inexorable de la justice qui impo-
sait silence à des sentimens pusillanimes et
dangereux à la société.

De tous temps, je l'avoue, il y a eu des erreurs généralement répandues sur la terre ,
telles que l'esclavage, la superstition , la plura-
lité des dieux ; mais ces erreurs étaient fondées
sur les intérêts et sur les passions des hommes
qu'elles flattaient et déifiaient pour ainsi dire.

Il n'en est point ainsi de la peine de mort qui pèse plus spécialement sur la multitude et qu'on n'a pu établir sans faire une sorte de violence aux sentimens les plus naturels de l'humanité. Toutes, en outre, n'ont eu qu'une existence passagère et circonscrite ; de tous temps des voix éloquentes se sont élevées contre elles. Long-temps avant que le christianisme eut déchiré le voile qui couvrait le genre humain, les Socrate, les Platon avaient proclamé l'unité de Dieu et protesté contre l'aveuglement général. Pourquoi n'en aurait-il pas été de même de la peine de mort ? Et si la multitude a pu se laisser aveugler et enchaîner par ses tyrans, ainsi qu'on le prétend, comment se ferait-il que, de tant d'esprits indépendans, de tant de génies perçans et sublimes qui ont éclairé l'antiquité, pas un seul ne se fût élevé contre la plus révoltante et la plus inique des institutions. Il n'y a pas de milieu ; ou la peine de mort est juste et légitime en elle-même, ou elle est un crime, une atrocité ; atrocité d'autant plus révoltante, que la mort légale est donnée avec plus d'appareil et de solennité. Que les adversaires de la peine de mort y songent donc ! il ne s'agit de rien moins que d'accuser tous les législateurs et tous les peuples du monde d'une froide barbarie ou

d'une ignorance honteuse des premiers principes de la loi naturelle!

Dira-t-on qu'une civilisation plus perfec-
tionnée nous a donné des lumières que les anciens n'avaient pas, et nous a fait découvrir
des vérités dont ils n'avaient pas même l'idée?
Mais si notre supériorité sur les anciens est
incontestable sous le rapport des sciences et
des arts mécaniques, peut-on en dire autant
des sciences morales? Il n'en est point, en effet,
de celles-ci comme des sciences positives, dont
la marche progressive suit celle des temps, à
l'édifice desquels chaque siècle ajoute une assise,
où, jouissant à la fois de ses propres décou-
vertes et de celles des siècles qui l'ont précédé,
il leur est supérieur, par cela seul qu'il vient
après eux, et qui sont infinies comme la nature
qui leur sert d'objet.

Les sciences morales, au contraire, n'étant à
proprement parler que la connaissance des
droits et des devoirs de l'homme, et étant bor-
nées par la nature du cœur humain, la seule
lumière naturelle doit suffire à la rigueur pour
y atteindre. Les premiers qui s'en sont occu-
pés ont dû les porter bien près de leur perfection, et ceux qui sont venus après eux n'ont
fait que tourner dans le cercle qu'ils avaient

parcouru et qui était tracé d'avance par la nature des choses. Quelque supérieurs que nous soyons aux anciens, sous le rapport des sciences positives, il serait absurde de nous attribuer exclusivement le monopole de la raison et le discernement du juste et de l'injuste. Et certes! les idées des anciens sur la vertu, sur les droits et les obligations de l'homme, ne le cèdent de guère aux nôtres. Quels progrès remarquables a fait la morale depuis Socrate et Platon?

Qu'elle est après tout, cette vérité si récemment découverte, ensevelie jusqu'ici dans les ténèbres de l'ignorance et des préjugés? Est-ce quelque vérité abstraite et métaphysique qui n'intéresse que quelques esprits spéculatifs? Non, il s'agit au contraire de tout ce que les hommes ont de plus précieux, de la vie même. Comment, jaloux que nous sommes de nos moindres droits, aurions-nous consenti au sacrifice du plus précieux de tous, si ce sacrifice ne nous eût été commandé par la nature des choses?

Quand même cette considération n'aurait pas la force d'un argument rigoureux en faveur de la peine de mort, elle devrait du moins nous engager à nous défier des assertions des philosophes qui prétendent que cette peine n'a aucun

fondement dans la nature des choses ; qu'elle est l'invention aussi bien que l'arme du despotisme et de la tyrannie.

Mais je conçois à la rigueur que l'opinion générale ait erré à ce sujet ; que la tyrannie et le despotisme seul des gouvenemens ait établi et exploité à son profit la peine capitale ; après tout la vérité ne se prescrit pas, et ce ne serait point une défense suffisante pour l'erreur que d'avoir en sa faveur l'assentiment unanime des hommes. Examinons donc la question en elle-même, et voyons si le droit en question ne repose pas sur les principes les plus incontestables de la loi naturelle.

Du moment que l'on regarde la loi naturelle comme le seul fondement du droit social, celui-ci ne peut être considéré que comme le résultat d'une convention passée entre le législateur et les membres de la société ; convention d'après laquelle les hommes ont dû confier au législateur l'exercice de certains droits qui auraient pu nuire au bon ordre, s'ils avaient été exercés par ceux à qui ils appartenaient naturellement, ou qui, dans l'intérêt commun, doivent être exercés plus avantageusement par un tiers [1] ;

[1] On ne peut pas dire assurément que chaque peuple, en se formant en société, se soit dressé à lui-même un

sans cela on ne concevrait pas quel pouvoir aurait pu forcer les hommes à se soumettre à une

contrat social, suivant les principes et les développemens
qu'en a tracés Rousseau. Mais toujours est-il que nul
n'ayant naturellement droit d'imposer sa volonté à ses
semblables, pour expliquer une autorité civile quelconque,
il faut recourir à un consentement exprès ou tacite de la
part de ceux qui ont d'abord obéi à un autre; à moins
que l'on ne suppose un chef miraculeusement envoyé du
ciel, ce qui n'est point dans l'ordre naturel. Et, lorsque
nous jetons les yeux sur les commencemens des nations,
nous voyons que les choses se sont à peu près passées ainsi.
Ici c'est une troupe de chasseurs qui se choisissent pour
chef le plus intrépide d'entre eux; là c'est un homme sage
et intègre élu par un peuple encore grossier et sauvage,
pour lui donner des lois; ailleurs enfin, c'est un guerrier
élevé sur le pavois par un peuple barbare et conquérant.
A mesure que les sociétés s'éloignent de leur berceau, ce
droit d'élection se conserve, se modifie, ou se perd entièrement, suivant les circonstances, le climat et le caractère
des nations; il produit des républiques, des gouvernemens
tempérés, des gouvernemens absolus; mais tous conservent
une origine commune, c'est-à-dire le consentement des
peuples, qui a présidé à leur formation. S'il était vrai,
comme quelques-uns le prétendent, que le pouvoir social
fût d'institution divine, il s'en suivrait nécessairement que
tout gouvernement où le peuple aurait quelque part aux
affaires, serait directement contraire à l'institution des sociétés; qu'il ne pourrait y avoir ni républiques, ni gouvernemens tempérés, mais seulement des gouvernemens
absolus, ce qu'il est impossible d'admettre.

Au reste, je me hâte de le dire, de peur qu'on ne m'at-
tribue des doctrines anarchiques, je suis loin, très loin de

autorité quelconque. Mais ils n'ont pu confier au
législateur que les droits qu'ils possédaient an-
térieurement à la convention passée entre eux
et lui ; car il faut posséder avant de pouvoir aliéner : c'est donc à la recherche des droits de
l'homme dans l'état de nature qu'il faut procé-
der pour parvenir à connaître quels sont les
droits du législateur. Pour le faire avec succès,
il faut nous dépouiller pour un instant de ces
idées composées et factices, qui sont en nous
le résultat de la civilisation et de l'éducation,
pour marcher appuyés sur les idées premières
qui sont le germe de toutes les autres ; il faut
nous placer nous-mêmes dans cet état d'indépendance absolue que nous supposons avoir
précédé l'état de civilisation, et nous demander ce que nous serions, ce que nous ferions,

penser que le peuple puisse, en tout état de choses, rappeler à lui la souveraineté une fois aliénée. Le contrat social
n'est point un simple mandat que puisse révoquer à volonté celui qui l'a donné ; c'est un véritable contrat sy-
nallagmatique, qui ne lie pas seulement le souverain au
peuple, mais encore le peuple au souverain ; car si celui-ci
a de grandes obligations au peuple, à raison du rang et
de l'autorité qui lui sont conférés, le peuple de son côté
en a d'immenses au souverain, à raison de l'unité, de
l'ordre et de la paix qu'il maintient dans l'état. Et combien
n'est-il pas souvent vrai de dire que le peuple a plus besoin du souverain, que le souverain n'a besoin du peuple !

lès droits que nous aurions dans une pareille hypothèse. En suivant cette marche, toutes les fois que nous trouverons un droit établi dans l'homme de la nature, nous pourrons en conclure que la société peut avoir ce droit, et réciproquement toutes les fois que nous reconnaîtrons un droit dans le pouvoir social, nous pourrons en induire que ce droit existe dans l'homme à l'état de nature, en remontant de la conséquence au principe, de l'effet à sa cause.

Ceci posé, examinons d'abord si nous n'avons pas le droit de disposer de notre propre vie au profit de l'ordre social :

En second lieu, si nous n'avons pas, dans certaines circonstances, le droit de disposer de la vie de nos semblables, et si nous n'avons pu transférer ce droit au législateur; ou, ce qui revient au même, si ce droit ne peut, par analogie, s'étendre jusqu'à lui.

Avons-nous le droit de disposer de notre vie, c'est-à-dire de nous l'arracher de nos propres mains? Je suis loin de le soutenir; la raison, la morale et la religion repoussent également le suicide.

Mais assurément nous pouvons disposer de la vie conditionnellement; nous pouvons l'ex-

poser à un certain risque, dans un but quelconque d'utilité publique ou privée, et cela
suffirait pour établir le droit de vie et de mort.
Personne, sans doute, ne disputera au soldat le
droit d'exposer sa vie en combattant contre les
ennemis de son pays ; si je vole au secours d'un
homme attaqué par des assassins, on ne me
fera pas un crime d'avoir risqué ma vie pour
sauver la sienne. Il y a une analogie parfaite
entre le soldat qui brave la mort pour le ser-
vice de son pays, le citoyen qui en défend un
autre au péril de ses propres jours, et le membre de la société qui donne au législateur le
droit de lui ravir l'existence, quand cela pourra
être expédient à la société. S'il y avait quelque
différence entre eux, elle serait tout à l'avantage de ce dernier ; puisqu'il ne se soumet qu'à
un risque futur très-éloigné, au lieu que les autres s'exposent à un danger présent et immédiat.

Remarquez en outre, qu'en disposant ainsi
de sa vie, le membre du corps social ne le fait
pas seulement dans la vue de la sûreté de ses
semblables, mais encore pour la sienne propre;
car si d'un côté il s'engage vis-à-vis du législateur à sacrifier sa propre vie, quand le bien
de la société l'exigera, de l'autre celui-ci s'en-

gage à la protéger et à la conserver dans tous
les autres cas. Si nous n'avons pas le droit de
renoncer à la vie, du moins avons-nous certainement celui de choisir entre deux risques différens, celui qui nous paraît le moindre; or,
ici le membre du corps social ne fait que choisir
entre le risque de perdre la vie par l'avénement
du cas prévu par le législateur, risque qu'il lui
est toujours loisible d'éviter, et le risque infiniment plus grand de la perdre en restant ex-
posé isolément aux injures de ses semblables,
et aux autres causes de destruction qui peuvent
la menacer, dans l'état de nature [1]; et tant s'en

---

[1] Pour peu que l'on veuille y réfléchir, on verra facilement que l'avantage le plus essentiel de la civilisation n'est
pas tant de procurer un plus grand bonheur individuel,
que d'assurer davantage la conservation et la propagation
de l'espèce humaine. En effet, on pourrait contester si
l'indépendance absolue, l'absence de tous liens sociaux dont
jouit le sauvage, ne compensent pas, et au-delà, les jouissances plus multipliées de l'homme civilisé. Mais ce qui est
hors de doute, c'est que la civilisation assure et garantit
davantage l'espèce humaine contre les causes qui pourraient la détruire.

Si cette vérité n'était pas assez évidente par elle-même,
il serait facile de la mettre hors de doute, par les considérations suivantes:

La population que peut renfermer un espace donné de
terrain est déterminée par cette condition, que les produits

faut qu'en cela il porte atteinte à la loi qui nous prescrit de veiller à la conservation de notre

de ce terrain puissent fournir à sa subsistance : tout ce qui excédera cette mesure devra nécessairement périr par le fer, ou par la famine, ou par toute autre voie.

Toujours inquiet, toujours veillant pour sa sûreté, obligé, comme les anciens Sicambres, de mettre de vastes déserts entre lui et ses ennemis, le sauvage n'a point la sécurité nécessaire pour se livrer à l'agriculture. Et comment le pourrait-il, lorsqu'il ne sait pas si le champ qu'il ense-mence ne sera point moissonné par une horde ennemie ; s'il ne sera point forcé lui-même de changer de sol et de patrie pour échapper à sa poursuite? Il le pourrait d'ail-leurs, que son ignorance et sa paresse naturelle l'empê-cherait de le faire avec suite et succès. Or l'agriculture seule, peut, en décuplant et centuplant les produits na-turels de la terre, faire subsister dans un espace étroit, un nombre considérable d'individus : supposons un instant, que les contrées les plus fertiles et les plus populeuses de l'Europe, cessant d'être cultivées, fussent rendues à leur barbarie primitive, bientôt vous verrez la population dis-paraître, les champs devenir des forêts ; les baies d'arbris-seaux, et les racines amères remplacer les récoltes et les fruits savoureux et nutritifs ; et là une lieue carrée de pays nour-rissait 1,500 ou 2,000 individus, quelques familles trouvent tout au plus, de quoi soutenir une existence misérable, dans les produits de la chasse et dans les fruits spontanés de la terre. Le sauvage aura donc besoin pour exister d'un espace plus considérable que l'homme policé, et le même pays qui nourrissait dans l'abondance un peuple civilisé, pourra à peine subvenir aux besoins de quelques peuplades sauvages. Mais, lorsque suivant les lois naturelles de l'ac-croissement des espèces, le nombre des individus qui com-

existence, qu'au contraire il ne fait que pourvoir ainsi plus amplement à sa sûreté. « Ce qui

posent la peuplade viendra à dépasser ce qu'en peut supporter le terrain, d'après les données ci-dessus, elle se
trouvera dans la nécessité de s'étendre aux dépens de ses
voisins. De là la continuité et la nécessité de ces guerres
d'extermination que se font entre elles les nations sauvages,
et qui s'opposent à leur multiplication. En sorte qu'on peut
dire que cet état continuel de guerre, dans lequel vit le
sauvage, est cause qu'il ne s'adonne point à l'agriculture,
et réciproquement, que le défaut d'agriculture est cause de
l'état de guerre dans lequel il vit.

Un coup d'œil jeté sur les pays où l'homme vit encore à
l'état sauvage, jette une lumière nouvelle sur ces considérations. C'est ainsi que la Nouvelle Zélande, ce pays si bien
partagé de la nature, situé dans l'hémisphère méridional,
sous le même parallèle que nous dans le septentrionnal,
qui offre avec nos contrées une analogie parfaite de climat,
de productions, de salubrité, qui est habité par une race
d'homme saine et robuste, enfin qui réunit toutes les conditions nécessaires pour le rapide développement de l'espèce
humaine, se trouve cependant dans un état de dépopula-
tion qu'on ne peut attribuer qu'aux guerres continuelles
des naturels entre eux, et aux inconvéniens nécessaires
de l'état sauvage. Mais rien ne fait mieux ressortir à cet
égard les avantages de la civilisation, comme le contraste
que présentent les Etats-Unis d'Amérique, avec les nations
sauvages qui habitent l'intérieur du continent. Là on voit
en présence deux races d'hommes ; celle des indigènes et
celle des européens ; représentant, l'une l'état sauvage et
l'autre l'état civilisé. Mais, tandis que la population des
Etat-Unis croît dans une progression rapide, les peuplades indigènes, non-seulement n'augmentent pas en

« fait, dit Montesquieu, que la mort d'un cri-
« minel est une chose licite, c'est que la loi qui
« le punit a été faite en sa faveur. Un meurtrier,
« par exemple, a joui de la loi qui le condamne,
« elle lui a conservé la vie à chaque instant,
« il ne peut donc réclamer contre elle. »

L'homme a donc pu disposer de sa vie par
le contrat social : et de là peut résulter le droit
de vie et de mort.

Examinons maintenant s'il n'a pas aussi, dans
certaines circonstances, le droit de disposer de
la vie de ses semblables, et si, de cette seconde
manière d'envisager la question, ne naissent
pas de nouvaux argumens du droit de vie et
de mort indépendans de ceux que nous venons
d'exposer.

C'est un sentiment que la nature a profon-
dément gravé dans nos cœurs que le respect
pour la vie d'autrui ; cependant il est des

___

nombre, mais encore fondent et disparaissent tous les jours.

Règle générale : partout où il n'y a pas de civilisation, nulle
grande aggrégation d'individus n'est possible ; partout où
il n'y a pas de grande aggrégation d'individus, il n'y a
point de sécurité, par conséquent point d'agriculture possible ; partout où il n'y a pas d'agriculture l'espèce humaine, bornée par la force des choses, est obligée de se
circonscrire et de se dévorer elle-même pour pouvoir
subsister.

circonstances où ce sentiment lui - même se
tait devant d'autres plus impérieux encore. C'est
ainsi que nous ne péchons point contre la loi
naturelle en tuant notre semblable , lorsque
c'est en défendant contre lui notre vie , ou même
celle d'autrui injustement attaquée , que cela
nous arrive : je vais plus loin , et quoique cela
puisse paraitre hardi au premier abord , je sou-
tiens que la vengeance nous donne dans certains cas le droit de disposer de la vie de notre
prochain , d'après le droit naturel pur : je dis
d'après le droit naturel pur, car il est essentiel
de ne pas perdre de vue que nous ne raisonnons que d'après ce droit seul.

La société ne pourrait-elle , en vertu du droit
de défense naturelle , disposer de la vie de ses
membres ? N'est - il pas des circonstances où
elle se trouve vis-à-vis d'eux dans la même position que l'individu attaqué ; par exemple dans
le cas de meurtre ou de tentative de meurtre ?

Il semble, en effet , que dans ce cas, ce ne soit
pas seulement un individu qui soit attaqué, mais
la société entière dans la personne de cet individu. Le contrat social est une sorte de contrat
d'assurance mutuelle , par lequel les membres
qui composent la société s'engagent réciproquement à défendre l'honneur, les biens , la

vie les uns des autres. Il n'est pas même nécessaire de recourir pour cela à une convention
formelle ou tacite : la loi naturelle seule nous
impose l'obligation de nous défendre mutuel-
lement ; il n'est personne qui, voyant un homme
attaqué par des assassins, ne se fît un devoir de
le secourir, si cela était en son pouvoir. Dès
lors si un membre de la société est l'objet d'une
aggression quelconque, ce n'est plus lui seulement qui est attaqué, mais le corps entier de la
société. L'intention hostile qu'il a manifestée vis-
à-vis un de ses membres, en fait supposer de
semblables vis-à-vis tous les autres ; il se trouve
donc en guerre avec elle ; la société est donc,
à son égard, dans le droit de défense naturelle,
et elle peut tuer celui qui a tué ou voulu tuer.
Pour moi, il me paraîtrait absurde, qu'on eût
le droit de tuer l'ennemi armé que l'on ren-
contre sur son territoire, et qu'on eût pas ce
droit vis-à-vis d'un lâche assassin. Chez l'un et
l'autre, en effet, l'intention de nuire se présume
également, avec cette différence, que dans l'un
elle paraît avec franchise et loyauté ; tandis que,
dans l'autre, l'odieux de l'intention se trouve
augmenté par la juste horreur de la trahison.
L'un n'attaque qu'une société, l'autre attaque
le genre humain tout entier ; car l'aggression

du soldat est limitée au peuple même avec lequel sa nation est en guerre; au lieu qu'il n'y a pas de raison pour que l'assassin ne commette un nouveau meurtre, en quelqu'endroit de la terre qu'il se trouve, toutes les fois que les mêmes motifs qui l'y ont déjà déterminé se présenteront de nouveau.

Qu'on ne dise pas qu'une fois le coupable arrêté, la société n'a plus le droit de sévir ultérieurement contre lui, parce qu'elle ne court plus de danger de sa part. Les formalités et les longueurs dont le législateur a entouré la procédure, ne sont que des précautions pour s'assurer du vrai coupable, et qui ne peuvent prescrire le châtiment. Il n'en est point en effet d'un être collectif comme d'un simple individu; celui-ci, s'il est attaqué, rend coup pour coup, blessure pour blessure ; et le danger une fois éloigné, il délègue au magistrat son droit contre l'aggresseur. L'être collectif ne peut point agir avec la même promptitude; chez lui l'action ne suit pas immédiatement la volonté : il faut du temps pour faire mouvoir tous les rouages dont se compose cette machine si compliquée; mais son action, pour être plus lente, n'en doit pas être moins forte et moins efficace. Il serait contre l'équité, que la modération et la lenteur qu'il

3

apporte à se défendre, le plaçassent dans une position moins favorable que l'individu attaqué.

D'ailleurs, est-il vrai de dire que la détention d'un meurtrier mette la société dans une sécurité parfaite à son égard ? Quel que soit le lieu de la détention, quelles que soient les précautions prises pour le surveiller, l'évasion est toujours possible, comme l'expérience journalière le prouve, et les salles de nos cours d'assises retentissent tous les jours des crimes commis par des forçats échappés des galères. Que dis-je ? ces précautions mêmes, ces murs, ces fers, ces sentinelles, ne sont-elles pas l'indice d'un danger qui menace incessamment la société, par cela même qu'il la force à se tenir constamment sur ses gardes ? A l'égard des autres crimes, elle peut supporter ces charges, parce que l'évasion du coupable ne lui fait pas courir un danger capital ; elle ne le peut à l'égard de l'assassin, parce que le crime qu'il a commis fait présumer l'intention d'en commettre d'autres de la même espèce, et que la sûreté publique est compromise du moment qu'il peut être mis en liberté. L'existence du meurtrier est une sorte de glaive de Damoclès, suspendu sur la tête de la société ; sa sécurité, sa sûreté même demandent qu'il soit mis à mort.

Mais ce serait trop restreindre le droit de défense naturelle, ou, pour mieux dire, ce serait
le rendre illusoire dans la plupart des circonstances, que d'en borner l'exercice au cas où l'on
a déjà éprouvé l'atteinte de l'aggresseur. Il suffit que son intention soit tellement manifestée
qu'il soit impossible de s'y méprendre ; on peut
non-seulement repousser, mais encore prévenir
la violence : si je vois un poignard tourné contre
moi, je n'attendrai certainement pas d'en être
atteint pour frapper celui qui m'en menace.

· Et, comme le droit individuel est la source du
droit public, on peut aussi remonter du droit
public au droit individuel ; or, dans le droit
public, le droit de défense naturelle n'autorise
pas seulement un peuple à repousser l'attaque
d'un autre peuple, mais encore à la prévenir
lorsqu'il a été commis quelque acte d'hostilité,
ou lorsqu'il est constant que les préparatifs
que fait notre voisin sont dirigés contre nous.

On peut conclure de là, que la société a contre
ceux de ses membres qui se sont mis en état
d'hostilité avec elle par l'infraction de ses lois,
les mêmes droits qu'elle aurait contre une société qui lui aurait déclaré la guerre, ou qu'auraient les uns contre les autres les individus
qui la composent dans l'exercice du droit de

défense naturelle ; d'où il semblerait résulter que la société a le droit de vie et de mort, non-seulement dans les cas de meurtre ou de tentative de meurtre, mais encore dans d'autres cas où l'aggression contre la vie du citoyen est moins directe et moins immédiate. Ainsi il est certains crimes qui n'attaquent pas directement la vie des citoyens, mais qui la compromettent d'une manière éloignée ; tels que ceux d'incendie, de révolte, de trahison : comme les suites naturelles et probables de ces événemens, sont la mort de quelqu'un des membres de la société, le législateur considère celui qui s'en rend fauteur comme coupable de l'intention de meurtre, et le punit comme tel.

Il est en outre des délits qui tirent leur gravité, moins d'eux-mêmes que de la qualité de celui qui les commet, et qui, par les suites dangereuses qu'ils peuvent avoir, à cause de cela, mettent la société à son égard dans le droit de défense naturelle, quoiqu'ils n'aient pas en eux-mêmes l'odieux d'autres crimes. C'est ainsi que, dans l'état militaire, tous les délits généralement sont punis avec plus de sévérité, et que des infractions qui seraient à peine punissables au civil y entraînent cependant la peine capitale. Pour se rendre raison de cette différence, il faut consi-

dérer que le militaire se trouve placé, par état,
sous l'obligation de devoirs plus impérieux que
le reste des citoyens ; chargé du maintien de
l'ordre au dedans, s'il donne l'exemple du désordre, l'ordre pèche par son principe ; dès-lors
le danger est bien plus grand que s'il était trou-
blé par tout autre membre du corps social. Mais
c'est surtout en temps de guerre et en présence
de l'ennemi que la nécessité d'une plus grande
rigueur dans les peines s'est fait sentir. Il est
alors des circonstances où le moindre désordre
peut occasioner les plus grands revers : il a
donc fallu qu'il y eût une telle disproportion
entre le délit et la peine que l'on fût le moins
possible tenté de le commettre. D'ailleurs comment faire surmonter à l'homme timide et in-
décis la crainte d'une mort imminente, si ce
n'est par la crainte de la mort même ? La pers-
pective éloignée de la perte de la liberté, même
à vie, serait insuffisante pour cela. Cette circonstance enfin que le soldat, ayant toujours
les armes à la main, ses moindres écarts peuvent avoir des suites plus fâcheuses, justifie
encore la sévérité des lois militaires.

La loi de défense naturelle confère donc à la
société le droit de vie et de mort sur ses membres ; et cela, non-seulement dans le cas d'ho-

micide, mais encore dans tous ceux qui compromettent la sûrêté individuelle, et, à plus forte raison, la sûreté publique.

Mais il est une autre loi qui, pour être oblitérée et comme étouffée par les institutions sociales, n'en existe pas moins dans la nature des choses, et qui est peut-être la source la plus naturelle du droit de punir.

Lorsque je reçois quelque affront, que j'éprouve quelque atteinte dans mes biens, dans ma personne, ou dans celle de mes proches, je sens mon sang bouillonner dans mes veines, un penchant irrésistible me porter à la vengeance. La passion de la vengeance existe donc : par cela même qu'elle existe, elle est légitime. En effet tout se lie, tout s'enchaîne dans l'ordre naturel; tout a une cause, tout a un objet : s'il en est ainsi dans l'ordre physique, il en doit être de même, à plus forte raison, dans l'ordre moral; car l'ordre physique est un assemblage de lois qui eussent pu exister ou ne pas exister (et il n'y a pas de raison pour qu'un autre n'eût aussi bien rempli les vues du créateur), au lieu que les lois morales sont nécessaires, éternelles et immuables comme Dieu même. Puisqu'il en est ainsi, la passion de la vengeance a donc une cause et un objet : elle est donc légitime

en elle-même, et nous pouvons l'exercer sans
crime ; autrement il faudrait dire, que la nature aurait tendu un piège à ses enfans en mettant dans leur cœur une passion à laquelle ils
n'auraient pu céder sans blesser ses lois. Il en
doit être au reste de cette passion comme de
toutes les autres, qui sont justes et légitimes
lorsqu'elles agissent dans leurs limites : si elles
nous égarent, ce n'est que lorsqu'elles les fran-
chissent. Les passions, en effet, ne sont autre
chose que des propensions naturelles de notre
volonté vers tel ou tel objet. Elles ne peuvent être
menteuses, sans inculper Dieu qui les a mises
en nous ; nous pouvons les écouter, tant qu'elles
ne sont point limitées par une loi positive, ou
par quelque disposition contraire de la loi naturelle ; c'est à connaître et à déterminer ces limites que consiste l'office de la morale, et non
point à proscrire les passions en elles-mêmes.
Je ne puis pas davantage concevoir un homme
sans passions, sans amour, sans haine, sans
ambition, que je ne puis le concevoir sans les
organes essentiels à la vie, sans l'odorat, sans la
vue, sans l'ouïe. Elles sont à notre existence
morale, ce que sont à la marche d'un vaisseau
les vents qui soufflent dans ses voiles ; sans
doute il arrive quelquefois que les vents sub-

mergent le vaisseau ; de même les passions mal contenues peuvent causer le naufrage de notre ame ; mais on ne pourrait dire , par ce motif, que les passions sont mauvaises en elles-mêmes, sans tomber dans le sophisme très-commun de confondre la chose avec l'abus de la chose. Nous verrons bientôt pourquoi la vengeance a été interdite dans les sociétés civilisées , à quelles conditions elle l'a été, et quelles sont les limites naturelles du droit de vengeance.

De plus il est facile de prouver , non-seulement que la vengeance est juste et légitime, parce qu'elle est ; mais encore qu'elle est , parce qu'elle est juste et nécessaire dans l'ordre des choses.

C'est ici surtout qu'il faut pour un instant dépouiller les idées composées et factices, qui sont en nous le résultat de notre éducation sociale et religieuse, et remonter par la pensée à cet état brut et primitif où l'homme, sous l'influence immédiate de la nature , ne connaît d'autres mobiles, d'autres règles que les lois qu'elle-même a gravées dans son cœur.

Je suis placé par la nature sur la terre, dans un état de liberté et d'indépendance : d'une main libérale elle a répandu autour de moi les biens qui peuvent assurer mon bonheur. Mais tous ces dons seraient illusoires, si le premier venu avait pu m'en dépouiller; si je n'avais pu défendre mes biens contre le voleur, ma liberté contre l'oppresseur, ma vie contre l'assassin. La nature, pour être conséquente avec elle-même, a donc dû m'accorder le droit de défendre les biens qu'elle m'avait donnés. De là le droit de repousser la force par la force, de là le droit de défense naturelle; mais ce droit même n'eût pas été suffisant pour mettre mon existence à l'abri de toute injure. En effet que l'aggresseur usant d'adresse ou de surprise, échappe à ma vigilance et parvienne à me faire un tort quelconque, il pourra ensuite se rire impunément de mon ressentiment, en se reposant pour sa sûreté sur mes propres principes d'équité. Ce qui eût été la sûreté des méchans, eût été en même temps le fléau des gens de bien. Pour que ma sécurité fût la plus grande possible, il a donc fallu que l'aggresseur ne pût reposer tranquillement après l'offense ou le tort commis, mais qu'il tremblât à son tour. Il a donc fallu, non-seulement que le droit de repousser la force par la force me fût donné, mais encore celui de répondre à l'aggression par l'aggression, de rendre injure pour injure, tort pour tort; afin que le génie du mal fût contrebalancé par une force de répression égale à la sienne. De là la

passion de la vengeance innée en nous ; de là
cette loi du talion qui n'était pas seulement gravée dans la loi des douze tables, mais qui l'est
encore dans le cœur de tous les hommes, et qui
nous crie : « œil pour œil, dent pour dent, sang
pour sang ; » loi qui est le fondement de la législation criminelle de tous les peuples.

La vengeance n'est donc pas un instinct aveu-
gle qui n'ait d'autre objet qu'une satisfaction
féroce ; c'est une loi conservatrice, établie par
une nature prévoyante et nécessaire à l'équilibre
des choses ; sans elle, en effet, la réaction n'eût
pas été égale à l'action ; la part de l'homme injuste eût été meilleure que celle de l'homme
juste : une fois l'offense consommée, l'offensé
eût été sans recours, sans moyen de réparation
contre l'offenseur : le bon réduit à un simple
droit passif de défense à l'égard du méchant,
qui aurait eu pour lui tous les avantages de l'attaque, se fût trouvé vis-à-vis de lui, comme
un combattant muni seulement d'armes défensives, auquel on opposerait un adversaire muni
à la fois d'armes offensives et défensives.

Mais lorsque les hommes ont passé de l'état
de nature à l'état de société, ont-ils renoncé à
ce droit de vengeance qu'ils avaient primitive-
ment ? ont-ils consenti par le contrat social à

souffrir impunément les injures et les aggres-
sions de leurs semblables? Non sans doute, ils
n'ont pu souscrire à une convention qui les aurait placé dans une position plus désavantageuse
qu'ils ne l'étaient auparavant. Que s'est-il donc
passé à la formation des sociétés entre le législateur et ceux qui voulaient se réunir pour vivre
sous ses lois? Le premier a dit aux autres : je ne
prétends point exiger de vous le sacrifice des
justes droits que vous pourriez avoir; mais la
vengeance, l'amour - propre blessé, vous ren-
drait injustes appréciateurs des torts que vous
pourriez éprouver; d'ailleurs il résulterait du
droit que vous auriez de venger vous - mêmes
vos injures, un trouble et des désordres incom-
patibles avec l'état de société que nous voulons
établir. Pour concilier la justice qui vous est
due, avec le bon ordre, sans lequel la société
ne saurait subsister, vous me confierez le soin
de votre vengeance; j'établirai des lois pour dé-
finir les torts, des magistrats pour les apprécier
et leur appliquer un juste châtiment, et, en
échange des droits dont vous me ferez le sacrifice, je vous promets repos et sécurité.

Telle est la convention qui a présidé à la formation de la société; convention première et
indispensable, sans laquelle il n'y eût pas eu de

société possible. Le citoyen a renoncé à l'exercice du droit de vengeance, mais à condition que le législateur l'exercerait pour lui.

Aussi, voyez comme la passion de la vengeance est universelle et invétérée chez les peuples sauvages, qui sont plus rapprochés que nous de l'état de nature, et qui ne sont pas comme nous liés par le contrat social. Le souvenir d'une offense ne meurt jamais chez eux : il les suit partout : c'est un héritage qui se lègue de race en race, jusqu'à ce que l'occasion de la vengeance se présente, et souvent elle ne s'éteint que par l'extermination d'une tribu entière. En considérant les exigences de leur situation, on peut les plaindre, mais qui oserait les blâmer? Ils ne font en cela qu'obéir à la voix de la nature et à l'instinct de la conservation. Le sauvage est vengeur-né de ses propres injures : chez lui point de puissance publique à laquelle il puisse confier l'exercice de ses droits, point de lois, point de magistrats pour régler les différens, punir les coupables; il est lui-même législateur, magistrat et bourreau ; et non-seulement il l'est, mais il doit l'être, sous peine de non-existence : car, dans cet état d'isolement en petites sociétés où il vit, si une d'entre elles venait à s'interdire la vengeance, elle tomberait infailliblement dans le mépris des peuplades voisines, et serait bientôt exterminée. Les vertus de l'homme civilisé ne sont pas les vertus de l'homme sauvage; ce qui serait patience chez l'homme civilisé, serait chez le sauvage faiblesse ou lâcheté; ce qui serait générosité ou grandeur d'ame chez l'un, ne serait chez l'autre qu'une indifférence coupable ou stupide.

Mais si, par un événement quelconque, le pacte social venait à être rompu chez une nation civilisée, en sorte que les individus qui la composent fussent rendus à l'état de nature, ils rentreraient nécessairement dans l'exercice du droit de vengeance, comme de tous les autres qu'ils avaient aliénés par le contrat social.

Aussi remarque-t-on, que dans les temps de révolution, lorsque les nations semblent se rapprocher de la barbarie primitive par la voie de l'anarchie, ou lorsqu'un gouvernement faible et chancelant n'oppose pas une digue suffisante au débordement du crime, on voit éclore une foule de réactions et de vengeances particulières. Alors la vindicte publique n'étant point exercée convenablement, chacun se croit, par la négligence du pouvoir, rentré dans l'exercice du droit naturel de vengeance; l'individu reprend entre les mains du législateur le glaive impuissant de la justice, pour en armer ses propres passions, et, à defaut des lois, le crime lui-même sert de répression au crime. Tel est le principe de toutes les réactions politiques, c'est-à-dire des représailles qu'exerce un parti vainqueur, sur celui qui l'avait précédemment opprimé. Si l'on demandait pourquoi tel ou tel peuple est renommé pour le caractère vindicatif de ses habitans, peut-être en trouverait-on la raison dans la négligence avec laquelle la justice est rendue, et les crimes sont poursuivis chez ce peuple. Ainsi, dans notre révolution, lorsqu'au règne de la terreur le 9 thermidor eut fait succéder une ère plus tranquille, comme le gouvernement d'alors était trop faible ou trop mal intentionné, pour punir les auteurs des excès commis, on vit naître une foule de vengeances particulières, et qu'on vit même se former des associations dont le but était d'atteindre ceux que les lois n'osaient ou ne voulaient frapper [1]. Non

[1] Telle fut à Lyon la société dite Jésus, formée des parens et des amis de ceux qui avaient péri sur les échafauds avant et après le siége. Ceux qui avaient échappé au désastre de leur patrie voyaient, en revenant sur les ruines encore fumantes de cette ville, les délateurs et les meurtriers de leurs proches, vivre paisiblement, engraissés de leur sang et de leurs dépouilles. Quelques-uns à la vérité avaient été mis en prison; mais cette mesure semblait moins

certes, que j'approuve ces associations, ni les désordres qui en furent la suite! quelque faible, quelque vicieux que soit le pouvoir qui gouverne, le contrat social oblige le citoyen à lui obéir, jusqu'à ce que ce pouvoir lui-même soit brisé. Je prétends seulement me servir de cet exemple, pour démontrer ce que j'ai dit plus haut, que les membres de la société n'ont renoncé à la vengeance à laquelle ils ont droit naturellement, qu'à condition que le législateur les vengerait lui-même, et que c'est ouvrir la porte aux vengeances particulières et à tous les désordres que de ne pas exercer la vindicte publique.

Au reste, ce droit de vengeance que l'on trouve dans l'individu considéré isolément, et qu'on refuse de reconnaître dans la société à l'égard de ses membres, se trouve en vigueur dans les sociétés à l'égard les unes des autres, sans qu'on songe à le contester. En effet, on ne niera pas sans doute, qu'un peuple attaqué sur son propre territoire peut, non-seulement repousser l'aggression dont il est l'objet, mais en-

avoir été prise pour les punir, que pour les mettre en sûreté contre le ressentiment de leurs concitoyens. L'indignation que cette conduite excita, après avoir fermentée sourdement pendant quelque temps et s'être manifestée par quelques assassinats particuliers, éclata enfin par le massacre des prisons de septembre.

core porter la guerre dans le pays de l'ennemi,
lorsqu'il l'aura repoussé du sien ; qu'il peut non-
seulement relever les ruines de ses villes brû-
lées et saccagées , mais encore brûler et sacca-
ger celles de l'ennemi. C'est là ce qui constitue
le droit de représailles, droit reconnu et mis en
usage par tous les peuples du monde : celui qui
n'en userait pas , deviendrait infailliblement le
jouet ou la proie de ses voisins. Mais si ce droit
de se venger existe dans les sociétés, qui ne sont
que des aggrégations d'individus , il a dû exister
au préalable dans l'homme privé , d'après le
principe que nous avons vu plus haut. Ainsi
non-seulement on peut prouver le droit de
vengeance , en considérant d'une manière absolue et je pourrais dire métaphysique, les droits
naturels de l'homme, mais encore , en considérant les droits qui existent d'un commun ac-
cord dans les sociétés, et, en les regardant comme
provenant de la délégation faite au législateur
par les membres du corps social , on arrive au
même résultat.

Pourquoi regarde-t-on la vengeance comme
illicite entre les citoyens qui composent une
société , et ne l'est-elle pas d'une société à une
autre ? c'est qu'au-dessus du particulier il est
une autorité chargée de vider ses querelles , et

à la décision de laquelle il est obligé de s'en rapporter en vertu de la convention primitive, tandis que cette autorité n'existant pas entre les différens peuples, ils se trouvent à l'égard les uns des autres, dans la même situation que les individus à l'état de simple nature, c'est-à-dire qu'ils sont vengeurs nés et nécessaires de leur propre querelle.

La vengeance, ai-je dit, est interdite dans les sociétés civilisées ; mais cela ne doit s'entendre que de la vengeance personnelle proprement dite, non de la vengeance légale, de celle qui s'exerce suivant les formes, et dans les cas prévus par la loi [1]. Ni les lois, ni la morale n'empêchent de poursuivre en justice la réparation des torts que l'on a éprouvés ; que dis-je ? il est même des cas où une pareille poursuite devient une obligation réelle. Que dirait-on de celui qui, ayant vu succomber sous le fer d'un assassin un père, un parent, un ami, négligerait de poursuivre le châtiment du meurtrier ? Applaudirait-on à sa conduite ? vante-

---

[1] Chez les Juifs ce n'était pas seulement la vengeance publique qui était permise, mais encore la vengeance privée. Le parent de la victime pouvait tuer l'assassin partout où il le rencontrait, et cela sans jugement ni procédure préalable. (*Déutéronome,* ch. xix, nomb. ch. xxxv.)

rait-on sa générosité, sa grandeur d'ame? ne
l'accuserait-on pas au contraire d'indifférence,
et de l'oubli de tous les sentimens naturels? En
faisant de telles poursuites, il n'exercerait pas
seulement un droit, il remplirait une obligation imposée par la nature et par la morale. Et
les lois civiles paraissent même avoir sanctionné
cette obligation, lorsqu'elles frappent d'une in-
capacité légale de succéder celui qui, instruit
du meurtre de son père, n'aurait pas poursuivi
les meurtriers en justice.

Mais dès-lors que la vengeance est permise,
lorsqu'elle s'exerce dans les formes légales, elle
n'a donc rien que de légitime en elle-même;
car il ne faut pas croire que les formalités et
la procédure qui accompagnent la condamnation, puissent faire qu'une chose devienne
bonne, de mauvaise qu'elle serait en elle-même.
Elles ne sont là que pour constater le crime et
le coupable. De quelque manière que le châtiment soit infligé, c'est toujours une vengeance
qui s'exerce de la part de l'offensé; c'est lui
qui juge par la bouche du magistrat, qui frappe
par la main du bourreau; de même que c'est
lui qui, par l'organe du législateur, a déterminé
la nature du châtiment.

Je ne répondrais point à ceux qui me diraient

que la religion ayant interdit la vengeance, tout acte, tout désir de vengeance est par là même criminel; d'abord parce que nous ne raisonnons que d'après la loi naturelle, et qu'ici la religion a dérogé à cette loi; car, si la vengeance n'était pas permise par la loi naturelle, le pardon des injures ne serait pas une aussi grande vertu, chrétiennement parlant. Enfin, si la religion a défendu la vengeance privée, cette prohibition ne s'est jamais étendue jusqu'à la vengeance publique; ce n'est même qu'en considération de cette dernière qu'elle a pu interdire l'autre, car si elle eût défendu à la fois la vengeance privée et la vengeance publique, elle aurait ôté au crime le seul frein qui puisse le retenir; elle eût déchaîné le génie du mal, et proclamé, par cela seul, la dissolution de la société.

Non, la nature n'a point jeté l'homme au hasard sur la terre, sans lui accorder une garantie suffisante pour ses droits, sans remettre entre ses mains le glaive, en même temps que le bouclier, pour sa défense. Outre ce droit purement passif de défense, elle nous a accordé un droit de vengeance qui en est le complément naturel et indispensable. Ce droit de vengeance, elle-même l'a gravé dans nos cœurs : il existe de nation à nation; il existe dans l'individu à l'état de nature. Il s'exerce avec une énergie sans frein chez les peuples sauvages : chez les peuples civilisés le législateur s'en est emparé, non pour le détruire, mais pour le régulariser et le limiter ; et, loin de le condamner, il en a proclamé la légitimité en se chargeant lui-même du soin de l'exercer.

Le législateur, a-t-on dit, ne doit point se faire l'instrument des passions particulières : sans doute, il ne doit point les écouter ces passions dans leurs vœux injustes et outrés ; mais il leur doit pleine satisfaction, lorsque ce qu'elles demandent est conforme à l'équité ; parce qu'alors elles font partie des justes droits qu'il s'est engagé à garantir.

Mais, me dira-t-on, puisque vous établissez en principe que la vengeance est légitime, justifiez-vous tous les crimes, toutes les atrocités qui prennent leur source dans cette passion, et obligerez-vous le législateur à se faire l'instrument de fureurs semblables ? Sinon quelles règles fixez-vous pour l'exercice de ce droit ? quelles limites lui assignerez-vous ? comment enfin prouverez-vous par là que la société a le droit de vie et de mort ?

La nature, qui a mis les passions en nous, a

eu soin de tracer les limites dans lesquelles elles doivent agir ; à côté de l'instinct qui nous porte à la vengeance, elle a placé une autre loi qui lui sert de régulateur et de frein ; c'est cette loi du talion, qui nous crie : œil pour œil, dent pour dent, sang pour sang ; qui veut que le mal soit puni par un mal égal, loi qui, ainsi que je l'ai dit plus haut, est le fondement de la législation criminelle de tous les peuples [1] ; ce qui est tellement vrai, que beaucoup de peuples, comme les Hébreux et les anciens Romains, sortant à peine de la barbarie, et ne jouissant encore que d'une civilisation imparfaite et grossière, n'ont pas eu d'autre loi criminelle ; et lorsque, par suite des temps, on s'est relâché de ce qu'elle avait de trop rigoureux et de trop absolu, néan-

---

[1] Les peines des crimes qui attaquent la sûreté publique, dit Montesquieu, sont ce qu'on appelle des supplices. C'est une espèce de talion qui fait que la société refuse la sûreté à celui qui en a privé ou voulu priver un autre. Cette peine est tirée de la nature des choses, puisée dans la raison et dans les sources du bien et du mal. Un citoyen mérite la mort, lorsqu'il a violé la sûreté au point qu'il a ôté la vie ou entrepris de l'ôter. Cette peine est comme le remède de la société malade... (*Espr. des L.*, l. XII, c. IV.)

Ce qui prouve deux choses : la première, que ce prince des publicistes pensait aussi que la loi du talion était le fondement des lois criminelles ; la seconde, que la peine de mort est commandée par la même loi.

moins on a toujours pris à tâche de conserver une égalité au moins morale entre le crime et le châtiment. En effet, si l'on ne prenait ce principe pour règle, on ne saurait plus quelles limites assigner au droit de punir : si vous ne prenez l'égalité du mal comme la base de l'évaluation, il n'y a plus de raison de s'arrêter en tel point plutôt qu'en tel autre dans l'échelle des peines, et tout rentre dans l'arbitraire et l'indéfini.

C'est sans doute cette égalité que les anciens ont eu en vue, lorsqu'ils ont représenté la justice avec une balance en main, comme pour faire entendre que ses fonctions consistaient à pondérer le bien et le mal, et à établir un juste équilibre entre la réparation et l'offense.

Or je ne sais si cette égalité, qualité essentielle et inhérente à la justice, serait conservée si le législateur prenait sur lui de supprimer la peine de mort dans certains cas où elle semble imposée au coupable par la nature de son crime; tels que sont en général les crimes qui attaquent la vie humaine. Si celui qui a ôté la vie à son semblable pouvait jouir encore de la lumière dont il l'a privé; s'il pouvait même conserver l'espérance de recouvrer un jour sa liberté, il semble que le châtiment ne serait point en rapport avec le crime : l'égalité ne serait point observée entre le meurtrier et sa victime ; il y aurait là une sorte de désordre moral, plus choquant aux yeux de l'homme qui réfléchit, que le désordre matériel qui peut résulter du supplice du coupable.

On a tort de soutenir que le législateur ne doit infliger de châtiment, qu'autant que cela est nécessaire pour le maintien de l'ordre social, il devrait encore le faire, lors même qu'il ne résulterait de l'impunité d'autres désordres que l'impunité elle-même, et qu'il ne dût s'en suivre d'ailleurs aucun dommage ultérieur pour la société ; car au-dessus de l'ordre purement matériel est un ordre moral infiniment supérieur, et que cet ordre serait blessé par l'impunité du coupable.

Il y aurait en outre ici une sorte de lésion à la convention sociale dans la suppression de la peine de mort. En effet, cette convention demande que le législateur exerce sur le meurtrier la même vengeance que la partie lésée aurait eu le droit et la volonté d'exercer ; or quelle serait cette vengeance dans l'hypothèse actuelle ? Pour en juger sainement, quittons un instant le rôle du philosophe égoïste et délicat, qui blâme dans les rigueurs de la justice un spectacle choquant pour sa vue et l'opposition où elles se trouvent avec ses systèmes, et mettons-nous à la place du père, de la veuve ou des enfans de la victime : j'ose dire qu'en nous plaçant de ce point de vue, non-seulement la peine capitale ne nous paraîtra point injuste, mais encore que toute autre nous paraîtrait au-dessous du crime.

Sans doute les idées religieuses, l'éducation, une certaine grandeur d'ame, peuvent affaiblir, même surmonter le sentiment qui nous porte à la vengeance; mais si l'on impose silence à ces sentimens factices et secondaires, qui sont le fruit de notre éducation sociale, et que l'on mette à part tout esprit de système pour laisser parler la nature seule, le châtiment que nous poursuivrions dans un cas pareil, je le dis sans crainte, ce serait la mort. Resterait à prouver que ce désir est injuste : pour moi je le crois juste jusqu'à preuve du contraire, uniquement par cette raison qu'il est dans la nature.

Nous avons pu, dans l'origine des choses, disposer de notre vie pour l'intérêt de la société; nous venons de voir que nous avons aussi dans quelques cas le droit de disposer de celle de nos semblables : le législateur peut avoir sur les membres de la société des droits indépen-

dans de ceux que chacun aurait pu lui donner
sur lui-même, et il n'est point nécessaire pour
que la société ait le droit de vie et de mort,
que l'on puisse disposer de sa propre vie; du
moment que l'assassin porte une main criminelle sur la personne de son semblable, il brise
le pacte que garantissait sa propre vie, et se
dévoue à toutes les conséquences de son aggression.

Ainsi bien loin d'hésiter à prononcer que la
société a droit de mettre à mort un de ses membres, j'hésiterais bien plutôt à prononcer qu'elle
peut renoncer à ce droit; c'est une garantie remise entre les mains du législateur par la nature des choses, et qu'il ne peut rejeter sans
compromettre les intérêts confiés à ses soins.

Mais quand même les argumens sur lesquels
j'ai prétendu établir le droit de vie et de mort,
ne l'établiraient pas d'une manière suffisante,
les adversaires de ce droit ne pourraient avoir
gain de cause qu'en bouleversant de fond en
comble la société, et cela suffirait pour qu'on
dût repousser leur doctrine. Quel est le principe fondamental sur lequel repose tout leur
raisonnement? c'est que la vie étant un don
que nous tenons de la nature et non de nous-
mêmes, nous ne pouvons en disposer, et que

le législateur ne peut avoir sur nous un droit
que nous n'avons pu lui conférer. Mais la liberté aussi est un bien que nous tenons de la
nature; elle est donc aussi inaliénable, ainsi
Rousseau et Montesquieu l'ont soutenu. Qui
m'empêchera donc d'appliquer aussi à la liberté le raisonnement que l'on applique à l'existence, et de dire que le législateur n'a pas plus
le droit de priver un citoyen de l'une que de
l'autre ?

Dira-t-on que la nécessité a pu autoriser
une violation des droits naturels dans l'intérêt
de la société? Mais, en premier lieu, si la nécessité autorise cette violation, lorsqu'il s'agit de
la liberté, pourquoi ne pourrait-elle l'autoriser
également, lorsqu'il s'agit de l'existence? Sur
quel fondement voudrait-on établir, sous ce
rapport, une distinction entre un bien naturel
et un autre? Serait-ce que la vie est un bien
plus précieux que la liberté? Mais il ne s'agit
pas ici de savoir, si le bien que l'on ravit au
coupable a plus ou moins d'importance, mais
s'il est ou non un bien naturel. Le droit, comme
la vérité, est un et indivisible : il n'admet pas
de plus ou de moins; il est, ou il n'est pas.
Une vérité ne peut pas être plus ou moins vraie,
une action ne peut pas être plus ou moins juste;

elle l'est entièrement, ou elle né l'est pas du
tout : celui qui tue commet sans doute un plus
grand crime que celui qui vole ; cependant il
n'en est pas moins vrai de dire, que l'un n'a
pas plus le droit de ravir le bien de son prochain, que l'autre celui de lui ravir l'existence.
Si donc, en règle générale, vous ne pouvez attenter aux droits naturels de l'homme, vous
n'aurez pas plus le droit de le priver de la liberté, que de l'existence même : il y aurait également infraction dans les deux cas, quoique
l'infraction ne fût pas égale.

D'ailleurs depuis quand la nécessité suffit-elle
pour constituer un droit à elle seule ? Je sais
que beaucoup de publicistes ont semblé l'admettre en principe; que plusieurs même de ceux
qui ont défendu la même cause que moi, l'ont
alléguée comme le seul motif qui pût légitimer
la peine de mort ; mais un peu de réflexion suffira pour démontrer qu'une pareille maxime
une fois admise, on pourrait justifier tous les
crimes, tous les désordres imaginables. Certes
il n'est pas de nécessité plus pressante, plus
impérieuse que celle de la conservation de
l'existence ; c'est même à cette nécessité que
peuvent se réduire en dernière analyse toutes
les autres. En effet, la nécessité de conserver

l'honneur, la réputation, la fortune, ne sont
que des nécessités accessoires à celle-ci, en ce
que l'honneur, la réputation, la fortune ne sont
eux-mêmes que des accessoires à notre existence. D'après ceux que nous combattons, tous
les crimes seraient donc justifiés, dès-lors qu'ils
pourraient s'appuyer sur une telle excuse? Ainsi
le voleur qui dérobe, pressé par le besoin, ne
commet plus un crime! Supposons que, tombé
entre les mains de malfaiteurs, l'unique moyen
qui me reste pour racheter ma vie soit de plon-
ger le couteau dans le cœur de mon frère ou
de mon ami, mon action n'aura donc rien de
répréhensible! Supposons encore, qu'enfermé
dans une île déserte, je n'aie d'autre ressource
pour conserver mon existence que de dévorer
mon semblable, si je le tue et me repais de son
cadavre, je ne ferai donc rien que de juste et
de légitime!

Il y a bien un cas où la nécessité de conserver son existence permet de donner la mort
à son semblable, c'est celui où on la défend
contre ses propres attaques. Mais ici, qu'on y
fasse bien attention; il y a deux choses réunies,
une raison matérielle et une raison morale :
d'abord la nécessité de conserver son existence, ensuite la disposition où se trouve l'ag-

gresseur de vous l'ôter à vous-même ; c'est la réunion de ces deux conditions qui vous donne un droit sur sa vie ; mais la nécessité seule de conserver la vôtre ne suffirait pas pour cela , comme le prouvent les exemples rapportés plus haut.

La société aurait-elle , en tant que société , des droits que ne pourrait avoir un individu isolé ; mais comment prouverez - vous que la société, qui n'est que la collection des individus , puisse avoir des droits que n'aurait aucun des membres qui la composent ? que le droit social , qui n'est à proprement parler que le faisceau des droits individuels, puisse renfermer ce qui ne se trouve dans aucune des parties dont il est formé. Le droit du souverain est plus étendu, il est vrai, à mesure que le nombre des individus qui composent la société augmente ; mais il ne change pas de nature , c'est-à-dire , il ne devient pas plus rigoureux vis-à-vis de chacun d'eux, ainsi que la réunion de molécules de même nature , ne peut jamais former qu'un corps de même nature, quelque soit leur nombre.

Si , par une supposition que rien n'empêche de faire, et qui a pu se réaliser quelquefois , la société venait à avoir besoin pour sa conserva-

tion qu'un de ses membres fût mis à mort ou
plongé dans un cachot ; que celui-ci ne se fût
d'ailleurs rendu coupable d'aucun délit envers
elle, aurait-elle le droit de le priver de la vie
ou même de la liberté ? Qui oserait le soutenir ?
Lorsqu'en pleine paix les Romains demandè-
rent qu'on livrât Annibal entre leurs mains,
ils commirent sans doute une action lâche et
infâme ; mais les Carthaginois qui consentirent
à le livrer ainsi, commirent une action non
moins lâche, non moins infâme ; bien qu'ils ne
l'eussent fait que pour se sauver de leur ruine :
l'honneur, la générosité, la justice leur pres-
crivait de tenter le sort des armes et de s'en-
sevelir sous les ruines de leur patrie , plutôt
que de souscrire à une condition injuste et
déshonorante : et, lorsque dans une circonstance à peu près semblable, Eustache, maire de
Calais et ses six compagnons, allèrent se pré-
senter pour victimes à un conquérant irrité ,
ils ne furent portés à cette démarche que par
l'impulsion d'un patriotisme sublime , et il ne
vint dans la pensée d'aucun de leurs compa-
triotes qu'on pût exiger d'eux cet héroïque dé-
vouement.

La nécessité seule ne saurait donc être le
fondement d'aucun droit, pas plus pour la société que pour l'individu.

Seule, la nécessité n'a donc pu donner au législateur le droit de disposer de la liberté, non plus que de la vie des citoyens, le principe que la société ne peut attenter aux droits naturels de l'homme, conduirait donc inévitablement à cette conséquence, que le législateur ne peut en aucun cas toucher à la liberté des citoyens; or, comme il est presque impossible d'infliger de châtiment qui ne commence par la perte de la liberté; que la plupart même des peines ne consistent que dans cette privation, il s'en suit que retirer ce droit à la société, c'est lui retirer en même temps le droit de punir; c'est en proclamer la dissolution, et ramener l'homme à la barbarie et aux forêts d'où la civilisation l'avait tiré. Je sais que les adversaires que je combats appartiennent au parti qui a dit: périssent les colonies plutôt qu'un principe! et, loin de les contredire en cela, je dirais volontiers avec eux: périsse la société elle-même plutôt qu'un principe! Car au-dessus de l'ordre purement matériel est un ordre moral infiniment supérieur, et qu'on ne peut, sous aucun prétexte, y déroger au profit de l'autre; parce que l'un ne concernant que l'homme, et l'autre concernant Dieu même, il y a entre eux toute la distance de l'homme à Dieu, du fini à l'infini. Mais je ne puis croire que l'être intelligent et suprême qui a créé l'univers, ait pu mettre l'ordre matériel en opposition avec l'ordre moral. Il y aurait là une imprévoyance ou une contradiction que repousse l'idée de la divinité.

Lorsqu'on n'aurait aucun égard aux preuves tirées soit de la loi divine, soit de la loi naturelle, et, en supposant simplement une cause souveraine, qui ait fait tout ce que nous voyons, et qui ait destiné l'homme à vivre en société, on est forcé de reconnaître qu'elle a dû établir, dans le pouvoir chargé de la diriger, le droit de punir, et par là même le droit de vie et de mort; car le droit de punir est indéfini de sa nature, et il n'y a pas de raison pour qu'il s'arrête à la privation de la liberté plutôt qu'à celle de l'existence.

On voit par là que le droit de punir est intimement lié au droit de vie et de mort; et l'on ne peut renverser l'un sans entraîner l'autre dans sa chute.

Ainsi la doctrine opposée croule également par le principe et par les conséquences.

SECONDE PARTIE.

DE LA PEINE DE MORT DANS SES RAPPORTS
AVEC L'INTÉRÊT DE LA SOCIÉTÉ.

Il ne suffit pas que l'on ait un droit pour l'exercer, il faut encore que l'exercice en soit justifié par des raisons d'utilité. Si la peine de mort n'était ni nécessaire, ni utile, peut-être serait-il bien de la supprimer; du moins serait-il facultatif de le faire; car, si l'on ne peut agir sans droit, on peut se relâcher de ceux que l'on a. Je vais donc m'occuper de la peine de mort, considérée par rapport au but que s'est proposé le législateur dans l'établissement des peines; c'est-à-dire l'ordre et la sûreté publique. Cette seconde partie de ma tâche sera plus simple et plus facile que la première; car, au lieu que dans celle-là j'avais à évoquer des principes qui existent, il est vrai, dans la nature des choses, mais oubliés et méconnus, je n'aurai, dans celle-ci, qu'à rappeler les plus simples notions du sens commun.

5

Ici mon plus grand embarras sera d'abord de concilier avec eux-mêmes les adversaires de la peine de mort : car, d'un côté, ils prétendent que la peine de mort n'a point l'efficacité nécessaire, de l'autre ils l'accusent d'une rigueur barbare. Or, comment concevoir qu'une peine puisse pécher à la fois par la rigueur et par la non-efficacité ? Le bon sens et la raison n'enseignent-ils pas au contraire, qu'une peine est d'autant plus efficace, qu'elle est plus rigoureuse ? Qu'est-ce en effet, que la rigueur d'une peine ? Le mal qui en résulte pour le coupable ; et qu'est-ce que l'efficacité d'une peine, sinon le pouvoir qu'a la considération de ce mal pour détourner du crime ? Une peine sera donc d'autant plus efficace que le mal qui en résultera pour le condamné sera plus grand, ou qu'elle sera plus rigoureuse ; et c'est en conséquence de cette maxime qu'ont agi les législateurs de tous les temps, lorsqu'ils ont établi les peines les plus sévères contre les crimes qui demandaient la répression la plus efficace.

Cependant, pour répondre à tout, je tâcherai de prouver d'abord, que la peine de mort est plus efficace que toutes les autres peines plus douces qu'on pourrait lui substituer. J'examinerai ensuite les différentes objections que

l'on élève contre elle. Enfin j'essaierai de démontrer la nécessité de la peine de mort.

Il serait, dit-on, possible de substituer à la
peine de mort une autre peine qui fût à la fois
plus douce et plus efficace. Eh bien ! je le veux :
examinons à l'aide du raisonnement, ce que le
sens commun et l'évidence semblent avoir déjà
décidé d'avance. Voyons si la contradiction dans
les mots n'existe pas aussi dans les choses ; et
si la peine de mort n'est pas la plus efficace de
toutes, soit qu'on la considère par rapport au
coupable qui la subit, soit qu'on la considère
par rapport à l'impression produite sur le spectateur.

Que la mort soit ce que l'homme redoute le
plus, c'est-là une de ces vérités tellement simples, tellement triviales qu'on a honte, je ne
dis pas seulement de les combattre, mais volontiers aussi de les défendre ; et qu'on ne concevrait pas comment des hommes d'esprit ont pu
soutenir le contraire, si l'on ne savait ce qu'a
dit Cicéron il y a long-temps : qu'il n'est rien
de si absurde, qui ne puisse être soutenu par
les philosophes.

Comment croire que la privation de la liberté
toute seule soit plus à redouter que la mort
elle-même ? que la perte d'une partie des bien-

faits de l'existence, soit égale à la perte même
de l'existence ; celle de l'accessoire à celle du
principal ?

On peut toujours se faire une idée quelconque
de la perte de la liberté ; l'esprit s'y habitue, s'y
familiarise, et finit presque par la considérer
comme une chose indifférente, au lieu qu'il y
a dans ce vague terrible de la mort, dans l'incer-
titude de ce qui la suit, quelque chose qui porte
l'effroi dans l'ame la plus déterminée, indépen-
dant même de cette horreur invincible que nous
éprouvons pour la destruction de notre être.

D'ailleurs, à le prendre à la rigueur, qu'a de
si cruel en elle-même la perte de la liberté ? Il
ne faut pas en juger d'après l'esprit de système,
ni d'après un amour exagéré de la liberté, mais
d'après des considérations puisées dans la vérité et dans la nature des choses. Ceux qui con-
naissent le cœur humain savent qu'il n'est pas
de position si fâcheuse à laquelle nous ne puis-
sions nous faire et nous plier. A mesure que le
cercle de nos jouissances se resserre, celui de
nos besoins se resserre également. Nous trou-
vons dans les positions les plus misérables des
ressources dont nous ne nous serions jamais
douté ; les choses que nous croyons les plus in-
dispensables à notre existence, nous nous en

passons avec une étonnante facilité. Le plaisir n'est point une chose absolue et déterminée, mais une relation des objets à nous; et cette relation dépend moins des objets en eux-mêmes que de l'idée que nous nous en faisons. A mesure que les objets qui avaient fait le charme de notre existence nous sont enlevés, notre esprit s'industrie en quelque sorte à en créer de nouveaux qui remplissent le vide des premiers; c'est-là ce qui rétablit un certain équilibre entre les classes les plus aisées et celles qui le sont le moins; c'est-là ce qui rapproche le sort du prisonnier de celui de l'homme libre, plus qu'on ne pourrait le croire, d'après la somme absolue de leurs jouissances respectives. Il n'est aucun de ceux qui ont visité les bagnes, qui n'ait été frappé de l'air de gaîté et même d'arrogance avec lequel les galériens semblent défier le châtiment, au sein même du châtiment; ces hommes séparés du reste de la société, se sont fait à eux-mêmes une société conforme à leurs inclinations, et qui est en tout le contre-pied de la première. Ce qui est un sujet d'opprobre dans l'une, est un sujet de gloire dans l'autre; dans celle-là il y a émulation de vertu, dans celle-ci il y a émulation de perversité: ils font parade entre eux de leurs infâmes exploits; ils se créent ainsi une sorte de bonheur approprié à leurs idées et qui brave les horreurs de leur position.

Enfin la condamnation à une détention perpétuelle ne laisse jamais le condamné sans espoir de recouvrer la liberté. Les événemens politiques, la clémence royale, les chances de l'évasion sont autant de considérations qui atténuent aux yeux du coupable les horreurs de la captivité, et le disposent de loin à commettre le crime avec plus de sécurité.

Alléguera-t-on pour prouver que la peine de mort est moins redoutée par le coupable que la prison, l'exemple de ceux qui se donnent volontairement la mort plutôt que de se soumettre à la perte de leur liberté? mais, si l'on m'oppose cet exemple, n'aurai-je pas autant le droit d'opposer celui de tant de coupables de toute espèce qui, bien que condamnés à perdre pour toujours la liberté, ne se sont pas pour cela donné la mort? L'histoire présente, il est vrai, quelques exemples de peuples qui ont mieux aimé être exterminés que de passer sous un joug étranger; mais ils sont l'exception et non la règle : combien d'autres ont mieux aimé vivre depuis des siècles dans l'esclavage le plus dur et le plus humiliant ! Si nous ad-

mirons tant la résolution des premiers, c'est
précisément parce qu'elle est contre nature, ou
du moins au-dessus de la nature.

D'ailleurs, autre chose est se donner la mort
à soi-même, ou la recevoir des mains d'un ennemi ; autre chose est la recevoir des mains du
bourreau ; autre chose est la mort pure et simple, ou même environnée de gloire ; autre chose
est la mort avec le cortège de la honte et de
l'ignominie.

La crainte de perdre la vie sera donc plus
efficace que toute autre considération sur l'esprit de celui qui veut commettre un crime ; car
de dire que celui qui médite un crime ne pense
nullement au châtiment qu'il encourt, que cette
pensée n'influe nullement sur sa détermination, cette assertion, si elle était vraie, renver-
serait toutes les notions de la raison et du sens
commun. L'homme, si je ne me trompe, est
un animal doué de la faculté de raisonner ;
c'est même là ce qui le distingue éminemment
de la brute, et, lorsqu'il s'engage dans quelque
entreprise, il s'en sert pour calculer quels en
pourront être pour lui les inconvéniens et les
avantages. Il est naturel de penser que celui
qui roule dans sa tête un dessein criminel en
use de même ; à moins qu'on ne le suppose fou

ou furieux, ce qui n'est pas le cas le plus ordinaire. Voyez plutôt quelle est la marche suivie
ordinairement par le criminel; voyez quelles
ruses, quels déguisemens pour tromper les
yeux; quelle sagacité, quel discernement dans
le choix des moyens pour parvenir à ses fins.
Et l'on veut que celui qui montre tant de réflexion et de sang-froid dans la préparation et
l'exécution de son crime, ne songe nullement
au châtiment auquel il s'expose? Et pourquoi
choisit-il un lieu écarté, une nuit sombre pour
exécuter ses coupables projets, pourquoi toutes
ces précautions, si ce n'est parce que la pensée
du châtiment est présente à son esprit, et qu'il
veut s'y dérober, s'il est possible? S'il y son-
geait, dira-t-on, il ne commettrait pas le crime:
oui, s'il était sûr d'en être atteint; mais ce qui
le détermine à commettre le crime, est juste-
ment l'espérance d'y échapper. Il n'y a pas de
forçat qui, voyant un coffre-fort ouvert devant
lui, fût tenté d'y puiser, s'il était certain d'être
puni immédiatement après : s'il vole, c'est bien
parce qu'il compte se mettre en sûreté, et jouir
ensuite tranquillement de la somme dérobée.

D'ailleurs, si la pensée du châtiment n'influe
aucunement sur la détermination du coupable,
à quoi sert donc cet appareil de châtimens pu-

blics, qui n'ont été établis que pour effrayer et détourner du crime? Que parlez-vous de la terreur et de l'efficacité de la peine, lorsque vous êtes certains que, quelle qu'en soit la nature elle n'agira nullement sur celui qui, par la suite, serait tenté de commettre le même délit? Il faudrait, par la même raison, supprimer non-seulement la peine de mort, mais encore toutes les peines possibles. Les châtimens publics ne seraient plus alors qu'une vengeance brutale et sans objet, exercée par la société sur un individu.

Mais si la peine de mort est la plus efficace par rapport à celui qui l'envisage, comme la conséquence prochaine du crime qu'il va commettre, elle ne l'est pas moins sous le rapport de l'impression qu'elle produit sur le spectateur. La multitude n'est guère frappée vivement, que de ce qui tombe immédiatement sous ses sens : tout ce qui se trouve dans un certain éloignement l'émeut moins, comme les images des objets s'affaiblissent par la distance. Il faut donc pour qu'une peine soit efficace, qu'elle soit de nature à émouvoir fortement le spectateur et à être appliquée sous ses yeux; or telle est la peine de mort qui, par son atrocité même, par l'appareil terrible et imposant qui l'accompagne,

produit une impression vive et profonde sur
ceux qui en sont témoins. La prison au contraire, ne présente aucun de ces avantages: par
elle-même, elle est peu propre à produire une
vive impression; car, quelles que puissent être
les angoisses et les privations auxquelles un prisonnier est en proie, comme ses souffrances sont
plutôt morales que physiques, et d'une nature
plutôt négative que positive, elles ne peuvent
agir que faiblement sur ceux qui en sont témoins.

On a dit que les impressions peu vives,
mais fréquentes, avaient plus de pouvoir sur
nous que les impressions fortes et rares; que
par conséquent la vue des souffrances faibles,
mais continues du prisonnier fera plus pour
nous éloigner du crime, que le spectacle d'une
exécution publique. Pour moi, je ne sais si
l'on n'approcherait pas davantage de la vérité
en suivant le rapport inverse : si les émotions
fortes et rares n'exercent pas une bien plus
grande puissance sur notre esprit, et si, au
contraire, les émotions les plus fortes ne finis-
sent pas par s'émousser lorsqu'elles se renou-
vellent trop souvent; et cette disposition de
notre ame se manifeste à chaque instant dans
le cours ordinaire des choses. C'est ainsi que
la vue d'un ulcère ou de toute autre infirmité

hideuse qui, au premier abord, nous inspire un
dégoût insurmontable, finit par ne nous affecter
que peu ou point du tout, lorsqu'une fois l'habitude nous a familiarisés avec leur aspect; c'est
ainsi que le soldat s'endurcit par l'habitude à
voir tomber autour de lui ses camarades morts
ou mourans. C'est une vérité incontestable que
partout où se trouvent des forçats, le peuple
est comme familiarisé avec leur vue; elle ne lui
inspire plus cette horreur salutaire qu'éprouve
celui qui ne les voit qu'en passant; et, s'il en
est ainsi, n'est-il pas à craindre que familiarisé
avec la vue du crime, il ne se familiarise bientôt
avec le crime lui-même, et que l'on obtienne
ainsi un résultat directement opposé à celui
qu'on s'était proposé. Le mal est de sa nature
contagieux, et la vue du châtiment des galériens ne balance pas l'influence fâcheuse
qu'exerce leur société sur ceux qui communi-
quent avec eux. Comment un pareil cloaque de
vices ne répandrait-il pas de son infection dans
l'athmosphère environnante?

Enfin on reconnaît que, pour être efficace,
une peine doit être en rapport avec le crime
qu'elle est destinée à punir; afin que, rappelant
l'esprit des spectateurs sur le crime commis,
elle inspire de l'éloignement pour lui. Or, je le

demande, qu'y a-t-il de plus en rapport que la peine de mort avec les crimes quelle est généralement destinée à punir ; c'est-à-dire, le meurtre et l'assassinat ? Qu'y a-t-il de plus propre à rappeler le sang répandu par le meurtrier, que le sang du meurtrier lui-même répandu sur l'échafaud ?

Après cela serait-il sensé de dire avec le marquis de Beccari, que la peine de mort n'a point l'efficacité nécessaire, parce que de tout temps elle n'a pas empêché qu'il n'y ait eu des meurtres commis ? Il n'est malheureusement que trop vrai, qu'il n'y a pas de châtiment qui puisse arrêter et comprimer entièrement l'essor du crime ; toujours il arrivera que la perversité humaine et l'espérance d'échapper aux poursuites de la justice, triompheront de la terreur du châtiment. Mais il s'agit de savoir si la peine de mort n'est plus propre qu'aucune autre à comprimer les désordres, et s'ils ne seraient pas plus fréquens encore sous une législation qui l'aurait bannie de ses Codes ; ce dont il est difficile de douter d'après ce qui précède.

Que prouve contre l'efficacité de la peine de mort l'exemple isolé d'un peuple chez lequel les crimes ont été moins fréquens, après la suppression de la peine capitale ? En admettant le fait comme exact, a-t-on bien examiné si d'autres causes que l'abolition de la peine en question n'avaient pas produit cet effet; telles que le bien-être dont ce peuple avait joui, une justice plus exacte et plus vigilante ; l'exemple des vertus du souverain, si puissant dans un petit état ? Et ce qui a pu être admis sans inconvéniens dans une principauté très-restreinte, où il est bien plus difficile d'échapper à la surveillance du gouvernement, pourrait-il l'être également dans un pays plus vaste, où les intérêts sont plus compliqués, les mœurs plus corrompues, et où le crime se dérobe plus facilement au regard investigateur de la justice?

Disons maintenant un mot du système pénitentiaire, que quelques-uns voudraient substituer au système de répression actuellement en usage.

C'est une idée louable assurément, que celle de vouloir arracher au vice des hommes corrompus, pour les rendre ensuite meilleurs à la société. Mais ne se trompe-t-on pas sur le but du législateur, en le faisant descendre à des considérations individuelles, lui dont l'action ne s'exerce que sur les masses ? Il doit considérer les individus par rapport à la société, non par rapport à eux-mêmes. En châtiant un coupable, c'est la guérison de la société qu'il a en vue, non celle du coupable lui-même. Vouloir qu'il s'occupe de réformer et corriger l'individu, c'est le tirer de son véritable rôle, et le charger de celui du confesseur ou du missionnaire. Son but, en un mot, est de punir et non de convertir.

D'ailleurs, peut-on croire sérieusement que le législateur, avec les moyens purement matériels dont il dispose, puisse opérer une réforme qui est une espèce de miracle en morale? Il vous sera facile, à la vérité, par la crainte des châtimens, par une surveillance active, de faire rentrer en apparence un scélérat endurci dans le sentier de la vertu; mais ce changement extérieur durera tout juste autant que la contrainte qui l'a occasioné; aussitôt qu'elle aura cessé les inclinations vicieuses reprendront leur cours, comme un chêne plié avec effort reprend sa première forme, lorsque l'effort qui le tenait courbé a cessé. Pour réformer un criminel, ce ne sont point des actes extérieurs, sans rapport avec le moral, qu'il s'agit de changer, mais la volonté même; et si la religion en appelant à son secours ses espérances et ses menaces, et tous les moyens d'attendrir et d'effrayer qu'elle possède, vient rarement à bout d'un tel pro-

dige, comment croire, que le législateur puisse
le faire par des châtimens et un régime pénitentiaire plus ou moins bien entendu?

Si l'on veut que l'adoption du système pénitentiaire présente quelques résultats favora-
bles, qu'on l'applique seulement aux coupables
que leur âge, ou les circonstances particulières
de leur crime peuvent faire juger susceptibles
de réforme; mais non point à ces crimes qui
supposent une perversité profonde, ou dont
l'énormité crie vengeance.

Nous arrivons à la grande objection des adversaires de la peine de mort, le reproche de
barbarie qu'on lui adresse. Ce n'est pas sans
quelque répugnance, je l'avoue, que je me dé-
cide à combattre des sentimens aussi recom-
mandables en eux-mêmes, que ceux sur lesquels
ils s'appuient ici. La pitié est en elle-même une
chose si bonne et si louable, qu'on ne peut
s'empêcher de la respecter, lors même qu'elle
se trompe dans son objet. Le spectacle de la destruction nous choque et nous afflige, même dans
les choses inanimées; à plus forte raison en doit-
il être ainsi lorsqu'elle tombe sur des êtres de
notre espèce. D'ailleurs pourquoi le dissimuler?
il y a, soit dans la peine de mort elle-même,
soit dans les circonstances qui l'accompagnent,

quelque chose de révoltant et de cruel : dabord
la longueur du délai qui s'écoule entre le crime
et le châtiment, délai nécessaire pour s'assurer
du coupable et rassembler les preuves du crime,
en affaiblit l'horreur et dispose à la pitié l'ame
du spectateur superficiel; ensuite cette foule
qui se précipite avidement sur les pas du condamné et se presse autour de l'échafaud, cet
appareil menaçant du supplice, cet infortuné
qui voit la mort s'avancer pas à pas, et qui la
boit pour ainsi dire goutte à goutte avant de la
subir, ce sang qui réjaillit!.... Tout cela, j'en
conviens, présente un spectacle hideux, bien
propre à affliger le philosophe et à navrer le
cœur de l'homme de bien. Ainsi donc, rien de
plus naturel, rien de plus légitime, que le sentiment pénible que nous éprouvons à la vue de
ces sanglantes exécutions. Mais est - ce là une
raison suffisante pour motiver la suppression
de la peine de mort? Le législateur dont l'œil
embrasse tous les temps et tous les lieux, doit-
il suspendre le cours de la vengeance publique
par égard pour quelques sensibilités individuelles; des impressions purement physiques
doivent-elles l'emporter sur les règles immuables de la vérité et de la justice? C'est ce dont
il est permis de douter. C'est ici qu'il faut faire

la part de la raison et des sens, et distinguer
la véritable humanité, qui a pour objet le bien
général de nos semblables, de cette humanité
qui n'est que le résultat d'une certaine délicatesse de nos sens offensés par un spectacle qui
les affecte désagréablement. Hé quoi! lorsque
vous apprenez que des milliers de vos concitoyens sont tombés sous le fer de l'ennemi,
ou ont été engloutis dans un naufrage, vous
vous en affligez, il est vrai, mais avec modération; et, lorsqu'un scélérat endurci viendra
terminer sur la place publique une vie noircie
de crimes, votre fermeté ne sera pas à l'épreuve
de ce spectacle; il faudra renverser toutes les
notions de la justice et exposer la société à l'ir-
ruption du crime, pour ménager votre exces-
sive sensibilité! Qu'est-ce donc que cette pré-
tendue humanité qui s'afflige plus d'un petit
mal présent que d'un grand mal éloigné, et
qui veut immoler la justice à sa fausse délicatesse, si ce n'est un véritable égoïsme, qui n'a
d'autre principe que l'aversion que nous éprouvons naturellement pour tout ce qui choque
nos sens et nous rappelle des idées de mort et
de destruction[1]? J'appellerais fausse et nuisible,

---

[1] Chose digne de remarque; tandis que la peine de mort
a été défendue par Voltaire, Rousseau, Montesquieu, aux-

l'humanité de celui qui ne saurait sacrifier au bien public l'impression pénible que produit sur nous la destruction d'un de nos semblables ; de même que j'appellerais fausse et nuisible l'humanité d'un chirurgien qui ne pourrait surmonter la répugnance que lui inspire l'amputation d'un membre gangréné, lorsque le salut du corps entier l'exige.

Pourquoi sommes-nous émus de compassion à la vue d'une exécution publique, tandis qu'au contraire nous n'en éprouvons aucune pour l'assassin qui, rencontrant un adversaire armé et courageux, trouve la mort, lorsqu'il comptait la donner ? La culpabilité est la même dans les deux cas : l'un n'a pas plus mérité la mort que l'autre ; c'est que, dans ce dernier cas, nous embrassons du même coup d'œil l'aggression et la défense, le crime et le châtiment ; que dès-lors nous voyons clairement dans l'un la suite naturelle et légitime de l'autre ; au lieu que

quels on ne refusera certainement pas le titre de philantropes éclairés, la thèse contraire a été soutenue par Robespierre, qu'on ne peut à coup sûr taxer d'exagération à cet égard. M. de Montlosier raconte dans ses Mémoires, que, n'étant encore que simple avocat, ce dernier avait composé contre la peine de mort un écrit où, dit-il, respirait la philantropie la plus touchante. Ce rapprochement donne à penser.

dans le premier, nous considérons le meurtrier abstraction faite de son crime : nous ne voyons en lui que le patient et non le coupable. Pour apprécier à sa véritable valeur le sentiment qu'il nous inspire, il faut réunir ces deux idées du crime et du châtiment; il faut nous représenter le meurtrier environné de ses victimes palpitantes ; d'un ami assassiné sous le manteau de l'amitié ; d'un père, d'une épouse égorgés au sein des foyers domestiques ; alors, j'ose le dire, nous sentirons s'évanouir notre lâche pitié, et nous n'éprouverons plus que cette mâle satisfaction qu'inspire à l'homme de bien l'accomplissement de la justice et le châtiment du scélérat.

On se plaint de l'impression pénible produite par la vue d'une exécution; que sera-ce si non-seulement cette considération ne doit pas arrêter le bras du législateur, mais si c'est au contraire une raison qui doive faire adopter et conserver la peine de mort? Quelle a été l'intention du législateur en instituant des châtimens publics, si ce n'est de détourner du crime par la terreur des supplices ? Etait-ce en excitant chez les spectateurs des émotions semblables à celles produites par la représentation d'un drame ou d'une comédie qu'il pouvait se flatter de triompher de l'insensibilité du scélérat, et de refouler jusqu'au fond du cœur les penchans vicieux et dépravés?

Ce sang répandu, cette foule qui se presse avec avidité odieuse autour de l'échafaud, tout cela ébranle vos nerfs délicats, indigne votre sensibilité : j'applaudis à votre délicatesse : rien de plus légitime que votre indignation ; mais ce n'est point pour vous, homme du monde, philosophe sensuel et voluptueux, vous que les douceurs et les aises de la vie garantissent suffisamment du contact des passions brutales et violentes, que cette scène terrible a été préparée, mais pour cette même foule de l'avidité sanguinaire de laquelle vous vous plaignez ; pour ces ames de bronze, pour lesquelles la vue d'un supplice est un spectacle attrayant et plein de charmes.

Mais ici je sens que je vais avoir à répondre à une objection toute opposée à celle que je viens de réfuter. En effet, dira-t-on, puisque cette scène toute terrible qu'elle est, ne produit aucune impression sur cette portion de la multitude à laquelle elle est spécialement destinée; qu'elle ne fait même que servir d'aliment à sa férocité, ne vaudrait-il pas mieux l'ôter entièrement de ses yeux? Ne doit-on pas

craindre qu'accoutumée à voir répandre le sang
sur l'échafaud, elle n'éprouve ensuite moins
de répugnance à le répandre elle-même; semblable à ces bêtes féroces dont l'instinct sanguinaire paraît assoupi par la captivité, mais
se réveille aussitôt qu'elles viennent à sentir le
goût du sang [1]?

Je réponds d'abord, que les exécutions pu-

---

[1] Pour le dire en passant, c'est une contradiction remarquable dans quelques-uns des adversaires de la peine
de mort, que de déclamer contre elle, sous prétexte qu'elle
familiarise le peuple avec la vue du sang, et de vouloir
que sur la scène on représente le crime avec tous ses dé-
tails les plus dégoûtans et les plus atroces. Cependant rien
de moins propre à donner envie de commettre le crime
que la vue d'une exécution publique; tandis que cette sorte
de prestige théâtral qui environne sur la scène les héros
du crime, accoutume les basses classes à les considérer
sans horreur, et leur fait envisager leurs exploits avec une
sorte d'admiration, dont l'effet immédiat est de porter à
l'imitation de ces dangereux modèles. Le fait est qu'il y a une
liaison intime entre les mœurs et les spectacles d'un peuple.
Les peuples qui ont un caractère doux et humain ont des
spectacles en rapport avec ce caractère. Les peuples au
contraire dont les mœurs sont empreintes de rudesse et de
férocité ont des spectacles atroces; les combats de gladiateurs, ceux d'animaux feront ses délices: il se plaira à voir
couler le sang sur la scène. Et si la férocité des mœurs est
cause de la férocité des spectacles, on peut dire aussi que
celle-ci est l'aliment de la première, et que ces deux choses
ont l'une sur l'autre une influence réciproque.

bliques ne sont point causes de cette férocité :
elles sont trop rares dans les pays mêmes où
elles sont les plus fréquentes, pour avoir une
influence marquée sur les mœurs. Mais dire que
pour cela il faille supprimer la peine de mort,
c'est selon moi un véritable contre sens. L'insensibilité pour autrui, n'est point l'insensibilité pour soi-même ; tel qui voit sans émotion
et même avec plaisir arriver le mal d'autrui,
ne verrait pas pour cela arriver le sien d'un œil
indifférent. Ce n'est point précisément par un
sentiment de compassion, sentiment louable en
lui-même, mais qui n'a pas de rapport direct
avec l'effet que le législateur se propose de produire, que l'exemple du châtiment agit sur ceux
qui en sont témoins, mais par ce retour secret
que chacun fait sur soi-même, en se disant : voilà
où me conduirait un crime semblable ! Quelqu'un soutiendrait-il que le même homme qui
voit de sang-froid immoler son prochain, voudrait se trouver lui-même à sa place ? Pas plus
sans doute que les Romains, qui assistaient aux
scènes sanglantes de l'amphithéâtre, n'auraient
voulu se trouver à la place des gladiateurs qui
s'entr'égorgeaient, ou des malheureux qui
étaient déchirés par les bêtes féroces ; pas plus
que les sauvages de l'Amérique n'envient le sort

du prisonnier qu'ils se plaisent à faire mourir dans des tortures inouïes. Bien loin même que cette avidité de certaines classes à se repaître du supplice des condamnés, soit un argument contre la peine de mort, ce serait une raison de plus de la maintenir ; car elle est l'indice d'une férocité qui a besoin d'être contenue, et qui ne peut l'être plus efficacement que par cette peine même.

Si, comme on le soutient, le magistrat donne l'exemple du meurtre lorsqu'il envoie un meurtrier à l'échafaud, il faudra dire aussi qu'il donne l'exemple du vol, lorsque par exemple il infligera la peine de l'amende ; d'attentat contre la liberté, toutes les fois qu'il ordonnera la détention d'un criminel : et comme, en général, il est impossible du punir un coupable sans sévir contre sa personne ou ses biens, il s'en suivrait que le magistrat ne pourrait infliger aucun châtiment sous peine de donner lui-même l'exemple du mépris des lois ; ou pour mieux dire, et, pour pousser le principe jusque dans ses dernières conséquences, il faudrait prendre en législation criminelle l'inverse de la marche suivie jusqu'à présent, et qui consiste à punir le mal commis par un individu, par le mal personnel de cet individu. Ainsi donc, ô législa-

teurs ! rejetez loin de vous ce glaive, dont la
société arma vos mains dans un mouvement
de colère irréfléchie; plus de fers, plus d'échafaud, plus de fourches patibulaires : tout cela
n'est bon qu'à fomenter les désordres, qu'à
encourager le crime; voulez-vous opposer un
frein efficace à la perversité humaine ? Décernez
des récompenses au lieu de châtimens contre le
crime. Un voleur vient-il à dévaliser un voya-
geur? qu'on le comble de richesses, afin de lui
apprendre par là le respect à la propriété. Un
autre commet-il un meurtre ? qu'on déclare sa
personne inviolable, afin de lui prouver ainsi
qu'il a eu tort d'attenter aux jours de ses semblables.

Toutefois ne nous hâtons pas de condamner
un système consacré par toutes les législations
anciennes et modernes. Examinons s'il n'y a pas
quelque différence entre celui qui envoie le
meurtrier à la mort, et le meurtrier lui-même.
Pour rappeler les hommes à la vertu, et les éloigner du crime, deux moyens s'offraient au législateur; le bon exemple, et le mal qu'on attache
à l'infraction des lois, et qu'on accoutume les
hommes à en considérer comme la suite nécessaire ; il eût été certainement préférable
de s'en tenir au premier moyen seulement ;

mais le législateur a prévu, fort sagement sans
doute, que ce moyen ne serait qu'un faible
préservatif contre le crime. Il a donc été obligé
de recourir au second, et c'est à le mettre en
œuvre que consistent les fonctions du magistrat. En outre il ne faut pas une grande sub-
tilité pour voir qu'il y a deux sortes de mal,
le mal moral, et le mal physique : le mal moral
consiste dans la violation de la règle ; le mal
physique dans toute lésion de l'être matériel.
En infligeant la peine capitale, le magistrat or-
donne, il est vrai, le mal physique du condamné ; mais son action loin d'être immorale
est essentiellement morale, en ce qu'elle récon-
cilie l'action avec la règle, au moyen de cette
expiation dictée par la nature et par la justice ;
il n'y a donc aucune parité entre celui qui, en
qualité de représentant de la société offensée,
inflige au coupable un châtiment mérité et le
coupable lui-même. Dire que le magistrat qui
punit un meurtre, donne l'exemple du meurtre,
est donc une vraie dérision.

On prétend qu'il résulterait de la suppression
absolue de la peine de mort une impression
générale de respect pour la vie humaine, qui
ferait qu'on y attenterait plus rarement ; pour
moi, je pense que la perversité humaine n'a

jamais attendu d'être excitée par l'exemple du magistrat. Je pense que le poignard de l'assassin avait trouvé le chemin qui conduit à la vie, long-temps avant que la hâche du bourreau en eût tranché le fil ; qu'il y a eu bien des meurtres commis avant qu'il y en ait eu un seul puni : et, lorsque le juste Abel succomba sous les coups de son frère Caïn, j'ignore si un tribunal sanguinaire avait donné l'exemple du mépris de la vie humaine, en envoyant un coupable à l'échafaud.

« Mais, poursuit-on, la civilisation adoucit « les mœurs, rend les organes de la sensibilité « plus exquis, plus délicats ; par conséquent, « des peines moins rigoureuses feront la même « impression sur l'homme civilisé, que des « peines plus sévères sur l'homme à peine sorti « de la barbarie. Le législateur doit donc s'at- « tacher à adoucir les peines à mesure que les « peuples se civilisent davantage, et le temps « serait enfin venu de supprimer la peine de « mort la plus atroce de toutes. » Sans contester le principe en lui-même, je dirai que son application doit avoir des bornes, sans quoi, sous prétexte des progrès toujours croissans de la civilisation, il n'y aurait pas de raison pour s'arrêter à une peine quelconque, si douce qu'elle pût être ; ce qui nous conduirait à l'absurde. Le vrai est un juste milieu en toutes choses. Montesquieu qui, le premier, a mis en avant le principe en question, a blâmé lui-même cet empereur qui, en montant sur le trône, avait juré que jamais sous son règne le sang de ses sujets ne serait versé ; ce prince avait oublié, dit-il, que ce n'était pas en vain qu'il ceignait l'épée.

D'ailleurs de deux choses l'une : ou la civilisation rend les hommes meilleurs, ou elle ne les rend pas meilleurs : si elle les rend meilleurs, alors les crimes atroces que les lois punissent de la peine capitale, devenant de plus en plus rares, le spectacle du dernier supplice affligerait moins souvent nos regards et il disparaîtrait entièrement avec eux : mais si la civilisation ne rend pas les hommes meilleurs ; si elle n'arrête pas le bras du scélérat, je ne vois pas pourquoi elle nécessiterait l'adoucissement des peines établies pour effrayer et punir le crime. Or qu'y a-t-il en effet dans la civilisation elle-même qui puisse tarir la source des crimes, et prévenir tous les désordres ? Loin de moi la pensée de lui faire ici son procès ; mais ne lui attribuons pas non plus des vertus qu'elle n'a pas. Je le demande : la civilisation étouffe-t-elle les passions ? fait-elle que l'homme haineux ne haïsse plus ; que le vindicatif n'ait plus soif de vengeance ; l'avare de richesses ? N'irrite-t-elle pas au contraire les passions par l'impuissance de les satisfaire, jointe à l'appas toujours présent des objets qu'elles convoitent ; par l'opposition du luxe et de la misère, des jouissances et des privations ? Elle change l'écorce de l'homme, à la bonne heure ; mais le fond reste toujours le même : si elle fait disparaître quelques-unes des causes qui poussent au crime l'homme inculte et barbare, elle en fait naître une foule d'autres de la corruption des mœurs, du rapprochement et de la complication des intérêts.

Si donc les crimes atroces sont moins fréquens chez les peuples civilisés que chez ceux qui le sont moins, ce n'est pas à quelque vertu intérieure de la civilisation, pour triompher de la corruption humaine, qu'il faut l'attribuer ; mais à l'action réprimante des lois appliquées avec une exacte et sévère justice. Otez la cause, et l'effet cessera : ôtez le poids qui maintient ce ressort doublement tendu par sa propre énergie et par l'action de la force comprimante, et vous le verrez se détendre avec une force nouvelle. Ce même homme doux et inoffensif dans l'état actuel des choses, parce qu'il comprend

que ses écarts pourraient avoir des suites fâcheuses pour lui, deviendrait peut - être un
monstre si, par un renversement qui n'a rien
d'impossible, il pouvait se livrer à ses passions
sans qu'il en résultât pour lui aucun inconvénient. Les plus grands prodiges de cruauté dont
l'histoire fasse mention, les Néron, les Caligula,
les Commode, furent le produit d'une civilisation raffinée et corrompue; et, sans parler de
leurs empereurs, qu'y eut-il de plus monstrueu-
sement barbare que les Romains eux-mêmes,
alors qu'ils furent parvenus au faîte de la civilisation? Je ne sais si jamais l'humanité fut plus
outragée que dans ces amphithéâtres, où le sang
qui coulait sous l'épée des gladiateurs et sous
la griffe des animaux de proie, était le seul
spectacle qui pût charmer une multitude féroce.
A quoi bon, du reste, chercher des exemples
dans les histoires étrangères, lorsque la nôtre
nous en offre de si récens et de si déplorables?
N'est-ce pas du sein de cette civilisation élégante
et corrompue du siècle de Louis XV que sont
sortis tous ces monstres de cruauté qui ont dé-
cimé la France et épouvanté l'Europe? Croit-on
que ces hordes sanguinaires et spoliatrices, qui
promenaient la terreur dans nos villes et nos
campagnes, fussent sorties tout-à-coup du sein

de la terre aux approches de la révolution ? Les hommes qui les composaient, n'avaient-ils pas sucé le lait de la civilisation ? n'étaient-ils pas nés, n'avaient-ils pas vécu à une époque d'ordre et de paix ? L'anarchie, lorsqu'elle s'empare d'un état, ne crée pas les élémens du désordre ; elle les déchaîne : elle tire alors le crime des cavernes où il se tient caché pendant le règne de l'ordre, et lui livre la société en proie.

C'est donc se faire étrangement illusion, que de croire que la civilisation puisse, par sa seule influence, changer la nature humaine, corriger les vices et tarir ainsi la source des désordres : elle ne peut qu'agir à l'extérieur, émonder, retrancher, réprimer par la crainte des châtimens ; mais il ne lui est point donné de pénétrer dans ces profondeurs du cœur humain, où nos vices et nos vertus prennent leur racine.

Le génie du mal, dans les sociétés bien ordonnées, ronge impatiemment le frein des lois en attendant qu'il puisse le secouer. Supprimer la peine de mort, ce serait briser entre les mains du législateur l'arme la plus efficace qu'il puisse opposer à ses fureurs.

Mais serait-on plus fondé à dire que la peine de mort blesse la liberté ; qu'elle est l'arme, ainsi que l'invention du despotisme et de la

tyrannie? Je ne le crois pas: la peine de mort a
été en usage dans les pays libres comme dans
ceux qui ne l'étaient pas; et il est à présumer
qu'il en eût été autrement, si elle était incom-
patible avec la liberté; j'ajoute de plus que ce
n'est point la rigueur des châtimens, quels qu'ils
soient, qui peut contrarier la liberté, mais leur
application arbitraire. Qu'entend-on en effet par
liberté? ce n'est point sans doute le droit de tout
faire impunément : ce ne serait pas là la liberté,
mais bien la licence. La liberté, suivant la défi-
nition la plus généralement reçue, est le droit de
faire tout ce qui n'est pas défendu par les lois;
ou, ce qui revient au même, suivant Montesquieu,
elle consiste dans l'opinion que chacun a de sa
sûreté. Pour que cette opinion subsiste, peu
importe la rigueur du châtiment; il suffit que
chacun, avant de faire une action, puisse savoir
s'il enfreint une loi quelconque. Voudrait-on
dire, que la liberté consiste à les violer ces lois
avec le moindre risque possible? Cette maxime
serait fausse et subversive de tout ordre social.
Les lois n'ont été établies que pour favoriser
la liberté : il serait absurde de dire que cette
liberté consiste à les violer avec le moins de
dommage possible. Le citoyen est toujours censé
en user pour faire ce qui est permis par elles.

Les obstacles qu'elles élèvent se trouvent sur
le chemin de la licence, et non sur celui de la
liberté. Celle-ci pourrait donc encore subsister
avec une législation toute draconienne, avec
une législation qui prescrirait la peine de mort
pour les moindres délits; et si une pareille législation péchait en quelque chose, ce ne serait point contre la liberté, mais contre cette
équité naturelle qui veut qu'il y ait une certaine proportion entre le crime et le châtiment.

On se tromperait, au reste, si l'on croyait,
par la suppression de la peine de mort, enle-
ver une arme au despotisme et à la tyrannie;
puisque le propre du despote étant de ne connaître d'autres lois que sa propre volonté, et
le propre du tyran étant de fouler aux pieds
celles établies, peu leur importerait que des
lois qu'ils méconnaissent eussent aboli la peine
de mort, dès qu'ils trouveraient leur compte
à la rétablir. Cette suppression ne serait pas
davantage une garantie contre les fureurs de
parti; puisque le parti victorieux qui voudrait
se servir de cette arme contre son adversaire
pourrait toujours faire une loi pour la rétablir.

Enfin, dernière objection, plus spécieuse
peut-être que toutes celles que je viens de réfuter, la peine de mort ne laisse aucun recours

contre les erreurs dans lesquelles la justice peut tomber. Toute autre peine, la prison, les galères, n'enlève pas entièrement l'espérance à l'innocent injustement condamné; mais une fois la sentence de mort exécutée, il n'y a plus moyen de réparer l'erreur commise, lorsque la vérité vient à se faire jour plus tard : on peut briser les fers d'un détenu, mais on ne peut rappeler un mort du tombeau. Sans doute le sort de ces malheureuses victimes de la justice humaine est digne de commisération, mais l'o-dieux de leur condamnation ne doit pas être rejeté sur le châtiment en lui-même, mais sur l'ignorance ou sur la mauvaise foi des juges et des témoins, ou sur le malheur des cir-constances dans lesquelles l'accusé s'est trouvé. L'injustice de la sentence qui condamne un innocent à mort, n'empêche point que cette peine ne soit juste en général, appliquée au vrai coupable. Si l'innocence subit quelquefois le châtiment destiné au crime, il faut considé-rer cela comme un de ces accidens inséparables de la faiblesse et de la fragilité humaine, et qui ne doivent point faire renoncer aux avan-tages que la société retire d'un mode de châ-timent salutaire en lui-même. Il n'est point d'institution si juste et si sage qu'il ne fallût

sacrifier, s'il suffisait pour cela des inconvéniens plus ou moins graves qu'elle peut entraîner. On sait bien, par exemple, que les ouvriers
qu'on emploie à la construction d'un édifice
seront tués quelquefois par la chute des maté-
riaux, ou en tombant d'un échafaudage; on sait
bien qu'une partie de ceux qui s'embarquent
sur mer feront naufrage; et, pour prendre un
exemple plus frappant encore, des milliers de
personnes ont déjà péri, des milliers périront
encore par l'explosion des machines à vapeur;
cependant jamais les hommes ne renonceront
pour cela ni aux constructions, ni à la naviga-
tion, ni aux machines à vapeur; parce que ce
sont des choses d'une utilité générale et cons-
tante, et que cette considération doit faire
passer sur des inconvéniens particuliers. Si
donc la perte de tant d'hommes ne fait pas renoncer à ces inventions, parce qu'elles peuvent nous procurer quelque utilité ou quelque
bien-être, le supplice injuste de quelques in-
nocens ne nous fera pas non plus renoncer à
la peine de mort, dont l'objet immédiat est de
protéger la vie humaine.

Néanmoins je consentirais que les inconvéniens de la peine de mort la fissent supprimer,
si elle n'était que juste et utile; mais je vais

plus loin, et je dis qu'en outre elle est, dans toute la rigueur du mot, nécessaire à la société.

Et d'abord, distinguons deux sortes de nécessités : l'une absolue, et l'autre relative. Par nécessité absolue, j'entendrai l'impossibilité où se trouverait la société d'exister sans la protection de telle ou telle peine : j'entendrai par nécessité relative, la nécessité de cette peine relativement à une certaine classe de délits.

Sous le premier rapport, peut-être pourrait-on dire qu'aucune peine n'est nécessaire, au moins dans le cours ordinaire des choses, quoiqu'il soit nécessaire en général qu'il y ait des peines; parce qu'il n'y en a aucune qui ne puisse être remplacée par une autre équivalente ou à peu près. Sous ce point de vue la peine de mort ne serait peut-être pas nécessaire non plus. Mais il n'en est point de même de la nécessité relative, c'est-à-dire, de la nécessité de cette peine relativement à la sûreté des citoyens, que le législateur s'est surtout proposé de protéger par l'épouvantail du dernier supplice. En effet, tant qu'il s'agit d'intérêts secondaires ou qui ne peuvent pas être compromis d'une manière irrévocable, comme la tranquillité, la fortune, l'honneur des citoyens, le législateur peut, jusqu'à un certain point, graduer et nuan-

cer les peines, selon qu'il l'estime convenable;
mais le peut-il également lorsqu'il s'agit de la
vie, ce bien unique et essentiel? La perte des
biens, de la réputation peut se réparer, non
celle de l'existence. Lors donc que ce bien a
été ravi à l'un des membres de la société, la
nature du crime ne lui impose-t-elle pas l'obligation d'infliger au ravisseur le châtiment le
plus terrible qui soit dans ses mains, et le plus
propre à détourner d'un tel forfait ceux qui
seraient tentés de l'imiter? Et si, par suite de
sa fausse compassion pour le coupable, un innocent venait à perdre la vie, la société n'aurait-elle pas en quelque manière le droit de lui
demander compte de son sang?

Assurément l'on ne peut pas dire que celui
qui, transporté d'une passion violente ou pressé
par le besoin, se détermine à commettre un
crime, pèse et calcule mathématiquement les
suites de l'action qu'il va commettre, et que,
mettant d'un côté la grandeur du châtiment et
les chances qu'il a de tomber entre les mains
de la justice; de l'autre les avantages du crime
et les chances qu'il a d'échapper, il se détermine d'après une quantité en plus ou en moins
d'un côté ou de l'autre. Mais toujours est-il
certain que ces idées se présentent confusé-

ment à lui; que la pensée du châtiment accompagne dans son esprit celle du crime; ce que démontrent les précautions qu'il prend pour en dérober la connaissance à ses semblables; et que la rigueur du châtiment influe plus ou moins sur sa détermination. Si donc la considération d'une peine plus douce venait à faire pencher l'esprit du scélérat vers le crime qu'il médite, le législateur, par son indulgence déplacée, se serait réellement rendu son complice; et, pour avoir craint de souiller nos yeux de la vue d'un sang impur jaillissant de l'échafaud, il serait comptable du sang innocent qui coulerait dans l'ombre.

Il ne suffit pas, comme le prétendent quelques publicistes, pour qu'une peine ait toute l'efficacité nécessaire, que le mal qui résulterait de son application surpasse tous les avantages qu'on pourrait retirer du crime. Cela pourrait être vrai, seulement si les poursuites de la justice étaient tellement sûres, tellement infaillibles, que le châtiment fût toujours la suite inévitable du crime. Mais comme il est impossible que le coupable n'échappe pas très souvent, il a fallu que l'énormité de la peine compensât ce qui lui manquait en infaillibilité.

Et certes! si l'on a vu des hommes furieux

et déterminés braver une mort certaine, pour exécuter leurs coupables projets, contens de mourir, pourvu qu'ils eussent assouvi la passion qui les transportait, n'en sera-t-il pas de même, à plus forte raison, lorsqu'ils n'auront plus à craindre que la perte de la liberté; surtout lorsqu'à cette considération viendra se joindre l'espérance d'échapper à ce châtiment même?

Non sans doute, l'édifice social ne s'écroulera pas demain, parce que la peine de mort aura été supprimée aujourd'hui. Mais la peine de mort n'en est pas moins nécessaire, en ce sens, qu'elle est la plus efficace pour empêcher les crimes à la punition desquels on l'applique ordinairement, et que ces crimes sont d'une nature telle que le législateur se trouve dans l'obligation d'employer à leur égard le moyen de répression le plus rigoureux qui soit entre ses mains.

J'ai dit que la peine de mort n'était pas absolument nécessaire au maintien de la société; mais cela est-il vrai sans restriction? N'y a-t-il pas des circonstances où la société, comme un corps malade, a besoin de remèdes plus violens que dans le cours ordinaire des choses?

Sans doute dans la situation habituelle de la

société, lorsque le vaisseau de l'état vogue paisiblement sur une mer sans écueil et sans orages, que les lois sont respectées, que la paix règne à l'intérieur et à l'extérieur, sans doute alors la suppression de la peine de mort n'entraînerait pas la ruine immédiate de la société; mais dans ces momens de crise, trop fréquens dans l'histoire des nations, lorsque l'état est ébranlé jusques dans ses fondemens par les attaques du dehors ou du dedans, n'est-il pas des circonstances où la peine de mort devient nécessaire, et dans l'acception la plus rigoureuse du mot? L'anarchie qui règne alors est cause que les lois doivent augmenter de sévérité, afin de proportionner la répression au danger que court alors la société. Il faut que la justice hâte sa marche ordinairement lente, pour atteindre le crime qui lève un front triomphant; il faut que le châtiment soit prompt, pour prévenir de nouveaux crimes; définitif, pour en finir avec un coupable embarrassant et dangereux; éclatant et public, pour effrayer ceux qui seraient tentés de l'imiter.

En outre, il est alors des cas où l'existence du coupable menace non-seulement des existences individuelles, mais encore celle de la société elle-même. Supposons le chef d'un parti

puissant qui ait comploté de renverser le gouvernement établi, ou de livrer l'état aux ennemis du dehors : dira-t-on que la détention d'un
pareil coupable mette la société parfaitement
en sûreté contre lui ? Ses partisans ne peuvent-
ils pas le délivrer ? Est-il quelque forteresse
inaccessible à la ruse, à l'audace, à la corruption ? Lorsque les complots de Catilina eurent
été déjoués par la vigilance de Cicéron, la république romaine n'eût été qu'imparfaitement
garantie contre les entreprises de ce fameux
conspirateur, si le sénat se fût contenté de le
jeter dans une prison pour le reste de ses jours.
Les nombreux et audacieux partisans qu'il con-
servait dans Rome, eussent tout tenté pour le
délivrer ; et l'existence de la république eût été
à chaque instant remise en question par l'existence de ce hardi scélérat.

On dira peut-être que sous la forme du gouvernement où nous vivons et au sein de la paix
dont nous jouissons, de pareils événemens ne
sont plus à craindre ; mais d'où peut naître une
pareille sécurité ? Depuis quand la sérénité du
jour présent est-elle un gage assuré de celle du
lendemain ? Ceux qui voudraient l'abolition de
la peine de mort, sous prétexte qu'elle n'est pas
nécessaire dans l'état de calme où nous vivons,

ressembleraient aux matelots qui, par un temps serein, jetteraient à la mer les ancres qui seules peuvent les sauver en cas de naufrage [1].

Pour moi, je ne puis revenir de ma surprise, lorsque je vois beaucoup de publicistes réclamer l'abolition de la peine de mort en matière politique, tout en voulant la conserver dans les cas ordinaires. Il semble que la marche inverse serait la plus naturelle à suivre, et que, si l'abolition de la peine de mort était résolue, on devrait commencer par la proclamer pour les délits privés, en remontant ensuite aux délits politiques. La sûreté publique est-elle donc moins précieuse que celle des particuliers, et

---

[1] Le lecteur verra facilement que ceci avait été écrit avant la dernière révolution. Au reste je profite de cette occasion pour désavouer toute application qu'on voudrait faire de ce que je dis en cet endroit aux circonstances actuelles. Je n'ai pas voulu dire que la peine capitale dût être appliquée à tous les crimes politiques; mais qu'on ne pouvait, sans imprudence, l'abolir pour tous indistinctement. La question que la Chambre des pairs a à examiner est de savoir si les ministres accusés se trouvent, ou non, dans ce dernier cas. Si elle le croyait en conscience, des considérations particulières ne devraient pas la faire transiger avec les principes, sauf le recours à la clémence royale, si l'état de l'opinion, ou d'autres circonstances qu'il ne m'est pas permis d'apprécier, faisaient répugner à l'application de la peine.

l'attaque contre la sûreté publique , ne ren-
ferme-t-elle pas implicitement l'attaque contre
la sûreté des particuliers ? Celui qui aurait tenté
de faire périr l'équipage entier d'un vaisseau
en y pratiquant une voie d'eau , serait-il moins
coupable que celui qui aurait simplement at-
tenté à la vie de l'un des passagers ? Quoi ! vous
ne trouverez pas un Catilina, un Marat, un Robespierre, un traître qui aura livré son pays à
l'ennemi, digne du supplice, et vous enverrez
à l'échafaud le meurtrier qui, poussé par le besoin ou par une passion violente, aura donné
la mort ; le soldat qui, dans un mouvement de
colère, aura porté la main sur son supérieur ?
Où est l'équité ? où est la juste répartition des
peines ?

Mais , j'entends : les délits politiques , dites-
vous, ne sont en général que le résultat d'une
manière différente d'envisager le bien de son
pays, et on ne peut punir avec sévérité une
erreur qui part d'un principe aussi louable.
J'admire et ne partage pas cette naïve confiance
dans la pureté des intentions, la bonne foi des
conspirateurs en général. Ne sait-on pas que
dans tous les temps, le bien public a été le mas-
que dont se sont couverts les ambitions et les
intérêts privés ? et, lorsqu'il y aurait çà et là

quelques exemples de complots, dont l'unique mobile eût été l'intérêt public, la société n'en aurait pas moins le droit de punir les conspirateurs; parce qu'elle se trouverait à leur égard dans le cas de défense naturelle.

D'ailleurs, gardons-nous bien de confondre le cas où deux partis divisent l'état, et se font ouvertement la guerre avec celui ou des particuliers, de leur chef, entreprennent de troubler la paix et de renverser l'ordre établi. Dans le premier cas, on conçoit que l'on puisse en conscience embrasser l'un ou l'autre parti ; mais on ne peut admettre cette opinion de la bonté de sa cause dans celui qui, par ambition, ou, pour faire triompher sa manière de voir, jetterait le premier le brandon de la discorde et de la guerre civile dans son pays.

Une dernière considération achèvera de démontrer qu'il est un certain degré de scélératesse qui ne peut être suffisamment réprimé que par la peine de mort, et contre lequel tout autre ne serait qu'un palliatif impuissant. Si la peine de mort était une fois abolie d'une manière générale et sans exceptions, il en résulterait qu'un scélérat déterminé pourrait commettre toute sorte de crimes avec une véritable impunité, en vertu de l'espèce d'inviolabilité que la loi lui aurait assurée. On me dira qu'une fois en prison il ne peut plus nuire : cela est faux ; car il pourrait massacrer le geolier lui-même. Un homme tel que je le suppose serait une véritable bête féroce dont on ne pourrait approcher sans les plus grandes précautions, et à laquelle on ne pourrait même donner sa nourriture qu'à travers les barreaux d'une cage en fer. D'ailleurs son évasion serait toujours possible ; et combien ne serait pas à redouter un monstre qui n'aurait rien à appréhender pour ses propres jours, et dont le pis aller serait de reprendre les fers qu'il aurait déjà brisés ? Quand les galériens se révoltent dans les bagnes, on n'emploie d'autres moyens pour apaiser la sédition que de les fusiller impitoyablement ; et en effet quelle autre crainte, que celle de la mort pourrait arrêter des hommes qui n'ont rien à perdre que la vie elle-même ?

Ainsi non-seulement la peine de mort est juste et utile ; mais encore elle est nécessaire à la répression de certains crimes ; et quand le législateur la bannirait de ses codes dans les cas ordinaires, il devrait toujours la tenir en réserve contre ces grands forfaits qui compromettent le sort d'une nation entière, et comme un épouvantail toujours menaçant pour la perversité humaine poussée à son dernier période.

On me demandera peut-être après cela à la punition de quels crimes je pense qu'on devrait appliquer la peine de mort. Sans donner mon opinion pour règle en cette matière, je crois que le législateur aurait poussé l'indulgence aussi loin que possible, en la restreignant aux cas qui compromettent directement la vie humaine, comme le meurtre, l'empoisonnement, l'incendie. Il est bien entendu que je n'entends parler ici, ni des crimes politiques qui demandent une répression plus sévère encore, ni des délits militaires qui forment une classe en dehors du droit commun. Quand je dis que la peine capitale peut se restreindre aux crimes indiqués, ce n'est pas que je croie que le législateur n'ait le droit de l'appliquer pour des délits moins graves ; mais parce que je crois qu'il peut se relâcher jusques là de ses droits, sans compromettre, ni la justice, ni les intérêts de la société.

※※※

RÉSUMÉ ET CONCLUSION.

Nous avons vu que la peine de mort ayant été consacrée et prescrite par les autorités les plus imposantes en matière de religion, cette circonstance prouvait, sinon que le droit de vie et de mort existait de droit divin, du moins qu'il était conforme à la loi naturelle; puisqu'on ne pouvait supposer qu'une religion émanée d'une origine céleste eût permis une violation de la loi primitive.

Laissant de côté le droit divin dont l'autorité, même renfermée dans les limites que nous lui avons assignées, peut n'être pas universellement reconnue des adversaires de la peine de mort; supposant même que la sagesse de tous les législateurs et la conscience du genre humain tout entier avaient pu se tromper sur un point aussi essentiel, nous avons examiné d'après les principes les plus rigoureux du contrat social, si le fondement de ce droit n'exis-

tait pas dans la loi naturelle : nous nous sommes efforcés de renouer la chaîne qui unit le
droit naturel avec le droit social, le droit privé
avec le droit public.

Nous avons reconnu que nous avions pu, par
le contrat social, aliéner notre vie au législateur, que nous l'avions pu dans l'intérêt de la
société, que nous l'avons pu même dans notre
intérêt privé, et que loin de contrevenir par là
à la loi qui nous prescrit de veiller à la conservation ds notre existence, nous n'avions fait
que pourvoir ainsi plus amplement à notre
sûreté.

Mais l'homme n'a pas seulement le droit de
disposer de sa propre vie, il a encore dans certains cas celui de disposer de celle de ses semblables, il le peut en vertu du droit de défense
naturelle, il le peut en vertu de ce sentiment
impérieux de la vengeance qui n'est pas seulement un droit ; mais encore, dans certains
cas, un devoir ; il le peut en vertu de cette loi
de réciprocité, répandue dans toute la nature,
et qui veut que le mal soit puni par un mal
égal ; que le sang soit vengé par le sang, et la
mort par la mort. Ce droit il a pu le transférer
au législateur, et de là peut encore résulter le
droit de vie et de mort.

Ainsi par une suite de raisonnemens rigou-
reusement déduits des principes naturels, nous
sommes arrivés à cette conséquence que Montesquieu avait entrevue avec l'œil du génie, que
*la peine de mort est tirée de la nature des choses,
puisée dans la raison et dans les sources du bien
et du mal.*

Lorsque après cela, de l'examen du droit,
nous passons à son application, nous voyons
d'abord qu'on ne peut nier l'efficacité de la
peine de mort, sans renverser toutes les notions de la raison et du sens commun; que le
reproche de blesser l'humanité n'est point un
motif suffisant pour la supprimer. L'exemple
des peuples qui ont pratiqué la peine de mort,
aussi bien que l'idée qu'on doit se faire de la
véritable liberté, montrent combien est peu fondée l'objection d'être contraire à la liberté. Celle
même qui est la plus sérieuse en apparence,
d'être irréparable dans ses suites, ne résiste pas
davantage à un examen sérieux.

Enfin la peine de mort n'est pas seulement
utile, elle est encore nécessaire à la société ;
nécessaire en général pour la sûreté individuelle, nécessaire en certaines circonstances
pour le salut public, nécessaire pour mettre un
frein efficace à la perversité humaine poussée à

son dernier période. En un mot, elle est, pour me servir de l'expression d'un écrivain célèbre, la clef de la voute de l'édifice social.

Il est des époques dans la vie des nations où une effervescence générale agite les esprits et les précipite vers un but inconnu; où ce qui avait été décidé par la sagesse et l'expérience des siècles passés est remis en question; où la manie des innovations, ne trouvant plus d'abus ni de préjugés à réformer et détruire, s'en prend aux vérités les plus solidement établies. Tel est à quelques égards le siècle où nous vivons; telle est la cause de cette espèce de soulèvement général, non-seulement contre la peine de mort, mais encore contre d'autres principes non moins incontestables. Ce qui caractérise le moment actuel, et peut-être aussi notre nation, c'est cette ardeur avec laquelle nous embrassons des nouveautés hazardeuses, sans égards aux suites qu'elles peuvent avoir. Entraînés par le mouvement des esprits, nous nous piquons d'une folle émulation, nous rougissons en quelque sorte de rester en arrière des autres dans cette carrière périlleuse.

Il semble que cette confiance présomptueuse et téméraire, qui fut autrefois si fatale à nos ancêtres dans les combats, ait passé de nos

mœurs militaires dans nos mœurs politiques.
Nous nous précipitons au-devant des innovations et des réformes, comme ils se précipitaient
contre les bataillons anglais aux funestes jour-
nées de Crécy, Poitiers, Azincourt. Cet esprit
inquiet et novateur peut avoir ses avantages,
lorsqu'il se borne à reculer les limites des
sciences, ou à réclamer les perfectionnemens
nécessités par la marche du temps ; mais il faut
se tenir soigneusement en garde contre lui,
lorsqu'il attaque les fondemens même de la société ; et que, sous prétexte de dégager le genre
humain de ses entraves, il tend à relâcher et
affaiblir le bien salutaire des lois.

L'opinion est la reine du monde, dira-t-on ;
j'en conviens, mais cette reine n'a-t-elle pas
ses préjugés, ses passions ? n'a-t-elle pas des
courtisans, des flatteurs intéressés à la tromper,
à la séduire ? Elle peut donc s'égarer, et, loin
que le législateur doive considérer comme une
loi pour lui ses engouemens et ses caprices, il
est de son devoir souvent de se roidir contre
elle, et de mettre un frein à sa fougue déré-
glée. Ce qu'il y a de sublime dans son rôle,
c'est qu'immobile au milieu des passions qui
s'agitent autour de lui ; également sourd aux
clameurs populaires, et inébranlable contre les

entreprises du pouvoir, il tient d'une main ferme la balance entre la liberté et la tyrannie, entre la licence et la sévérité, sans autre règle que la justice et l'intérêt de la société.

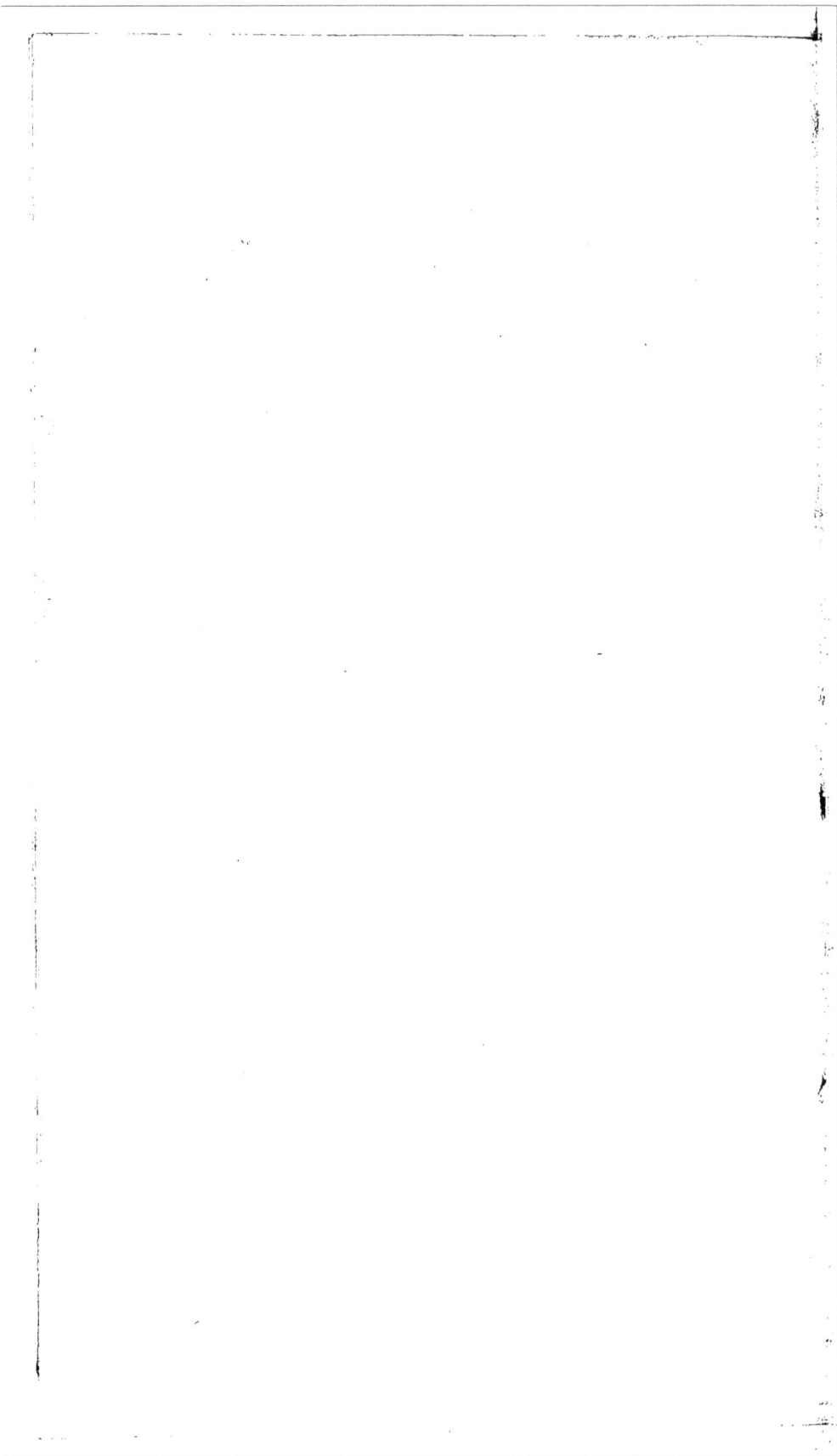

www.ingramcontent.com/pod-product-compliance
Lightning Source LLC
Chambersburg PA
CBHW071219200326
41519CB00018B/5602